中公新書 2396

佐藤信弥著

周——理想化された古代王朝

中央公論新社刊

はしがき

「西周」は「東周」の前座にすぎないのか

周《しゅう》は、紀元前十一世紀後半頃に殷《いん》王朝を倒すことで成立し、およそ八百年後の前二五六年に滅んだ中国古代の王朝である。この周の時代は二つの時期に分けられる。前七七一年までの前半部を「西周《せいしゅう》」といい、動乱によって西周最後の幽王《ゆうおう》が敗死して以降の後半部を、「東《とう》周《しゅう》」と呼ぶ。東周の時代はまた通常春秋《しゅんじゅう》期と戦国期とに二分される。

西周には、私たちにも馴染みのある人物やエピソードがいくつか存在する。たとえば釣りで知られる太公望《たいこうぼう》は、周の文王《ぶんおう》・武王《ぶおう》父子を輔佐して殷王朝打倒に導いた人物である。漫画にもなった明《みん》代の通俗小説『封神演義《ほうしんえんぎ》』の主人公でもあり、御存知の方も多いだろう。その武王の弟周公旦《しゅうこうたん》は、孔子《こうし》が夢に見た人物として有名である。幽王は寵愛《ちょうあい》する褒姒《ほうじ》を笑わせるため、有事でもないのに諸侯に救援を求める烽火《のろし》を上げ続け、それによって西周が滅びるきっかけを作ったという故事によって知られる。

しかし、特に中国史に関心のある読者にとっては、西周よりも、太公望の子孫にあたる斉《せい》の桓公《かんこう》や、宮城谷昌光の小説の題材になった晋《しん》の文公《ぶんこう》といった春秋の五覇《ごは》、あるいは孔子・

孟子《もうし》をはじめとする諸子《しょし》百家《ひゃっか》が活躍する東周期の方が、印象が強いのではないだろうか。あるいは原泰久の漫画『キングダム』に描かれるところの、周を滅ぼした秦《しん》による「天下統一」の過程に興味があるという読者もいるかもしれない。

従来、学術書はともかく一般の読者を対象とした書籍では、西周の歴史は東周の前段として扱われることが多かった。

更には中国史学の大家、宮崎市定《みやざきいちさだ》（一九〇一～九五年）によって、「西周抹殺論」が唱えられたことさえあった。すなわち、武王による殷王朝の打倒と、幽王による西周の滅亡及びその後の東遷は、元来犬戎《けんじゅう》に西方の根拠地を追われた周が、東方に民族移動して殷を滅ぼし、殷の故地を周の新たな根拠地としたという一つの物語であったのが、西周の開国と滅亡の二つの物語に分離して語られるようになったもので、開国と滅亡の中間にある西周の時代は存在しなかったというのである。

しかしこの「西周抹殺論」は、西周の同時代史料となる金文《きんぶん》、すなわち青銅器の銘文を無視して組み立てられた空理空論である。そして金文を主要な史料として再構成された西周の歴史は、東周の前段に甘んじなければならないほど空疎なものではない。

本書では、この金文に加え、近年新たに発見された文献や発掘の成果などを参照し、西周の歴史を見ていくことにする。そして従来とは逆に、東周の歴史を西周の後日談として位置づけることを試みる。
後日談として位置づけることで、却って斉の桓公や晋の文公、あるいは始皇帝《しこうてい》に至るまでの秦の国の、これまで語られていたものとは異なる側面が見えてくるはずである。

キーワードは、祀（祭祀）と戎（軍事）

そして周王朝のあり方を示すキーワードとなるのが「祀《し》」と「戎《じゅう》」である。春秋期の歴史をまとめた『春秋左氏伝《しゅんじゅうさしでん》』に「国之大事、在祀与戎」（国の大事は、祀と戎とにある）という言葉が見える。このうち「戎」とは軍事を指す。もう一つの「祀」とは「まつり」、すなわち祖先の霊や天神地祇《てんじんちぎ》に対する祭祀《さいし》を指す。祀《まつり》はまた政《まつりごと》に通じる。当時の祭祀儀礼は政治と一体化しており、主君と臣下、あるいは一族間の関係を取り結ぶという役割を担っていた。そのため、軍事とともに「祀」もゆるがせにできない国家の大事と見なされていたのである。

その祭祀儀礼のための作法や制度、更に社会的な規範なども整えられていく。こうした作法や制度・規範をすべてひっくるめて「礼制《れいせい》」と呼ぶ。この礼制もまた、私たちと無関係な話ではない。たとえば父母を亡くした子が喪に服す期間を示す「三年の喪」は、東周の時代に形成されたと見られる礼制の一つである（詳しくは本書第6章で解説する）。そして喪の節目に行われる祭祀が後に仏教に取り入れられ、現代の日本でも行われている一周忌や三回忌の法要となったとされている。

孔子は周公旦に憧れる一方で、その周公旦が生きた西周の世を、『論語』に見えるように「郁郁乎文哉」（盛大で華やかである）と評価し、「吾従周」（私は周に従おう）と述べた。孔子とその弟子たちによる儒家《じゅか》は、自分たちの生きる東周の世に西周の礼制を再現しようとした。

しかし彼らは西周の礼制を忠実に再現することができたのだろうか。そして当時の世に彼らの活動や思想が受け入れられていった背景は、どのようなものだったのだろうか。

本書では周王朝の歩みとともに、周が築き、紆余《うよ》曲折《きょくせつ》を経て現代に生きる私たちにも受け継がれている礼制の歩みも見ていくことにしよう。

目　次　周——理想化された古代王朝

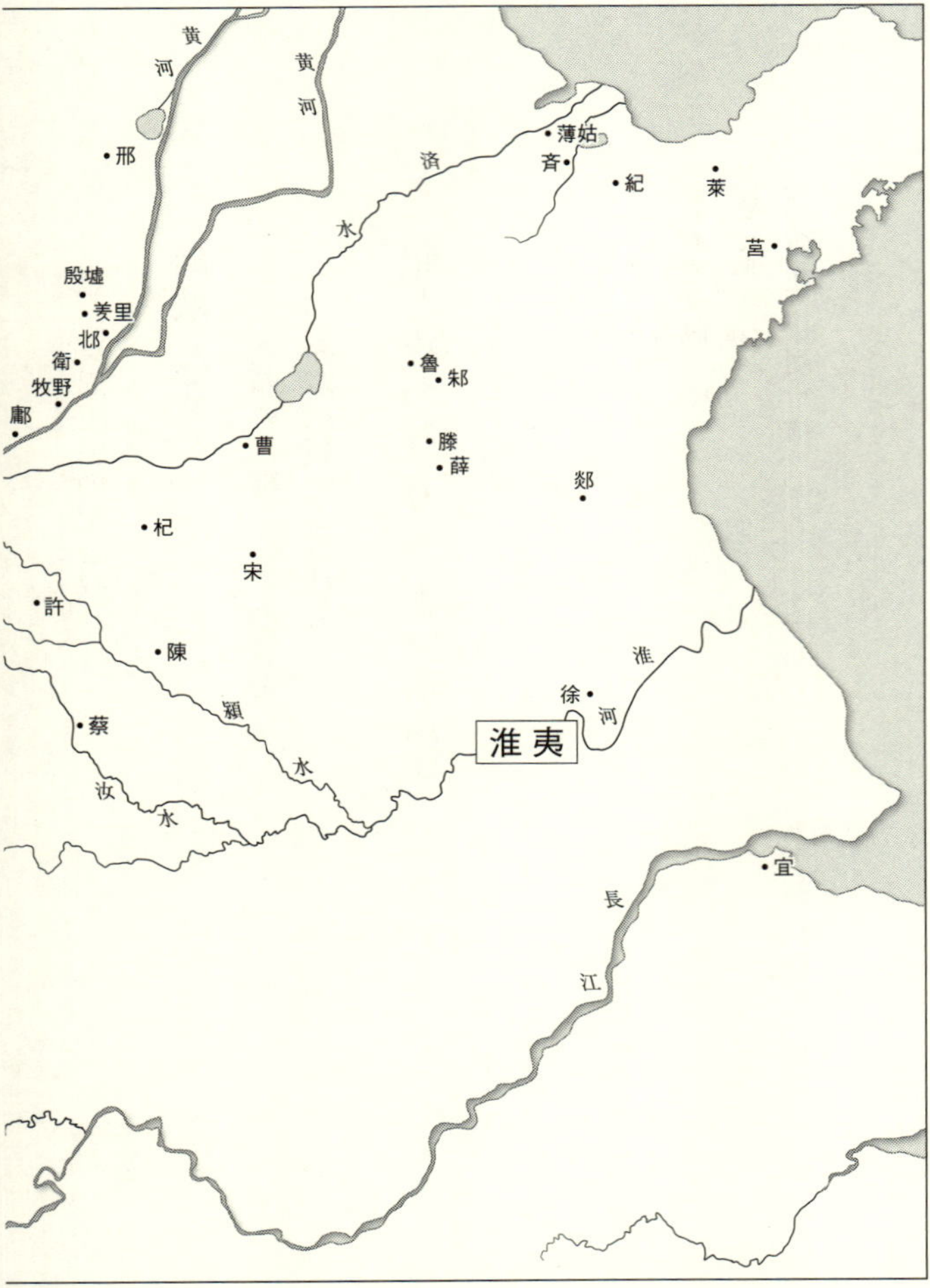
黄河
黄河
邢
済水
薄姑
斉
紀
莱
莒
殷墟
羑里
邶
衛
牧野
鄘
魯
邾
曹
滕
薛
郯
杞
宋
許
陳
潁水
蔡
汝水
淮河
徐
淮夷
宜
長江

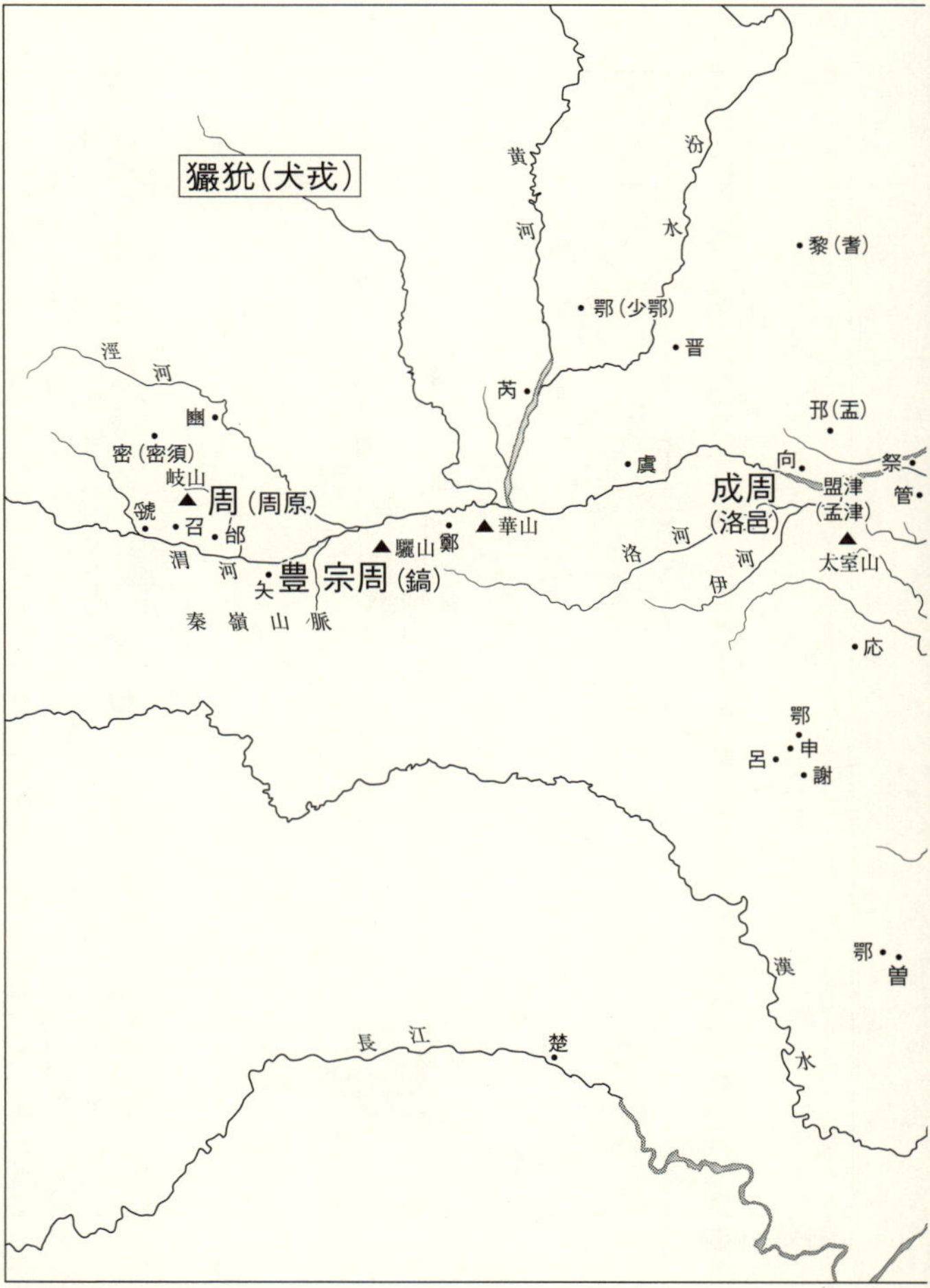

玁狁（犬戎）
黄河
汾水
黎（耆）
鄂（少鄂）
晋
芮
邘（盂）
涇河
豳
密（密須）
岐山
周（周原）
虢
召
郃
渭河
夨
豊
宗周（鎬）
秦嶺山脈
驪山
鄭
華山
虞
成周
（洛邑）
洛河
伊河
向
盟津
（孟津）
祭
管
太室山
応
鄂
呂
申
謝
漢水
鄂
曽
長江
楚

西周期中心区域図

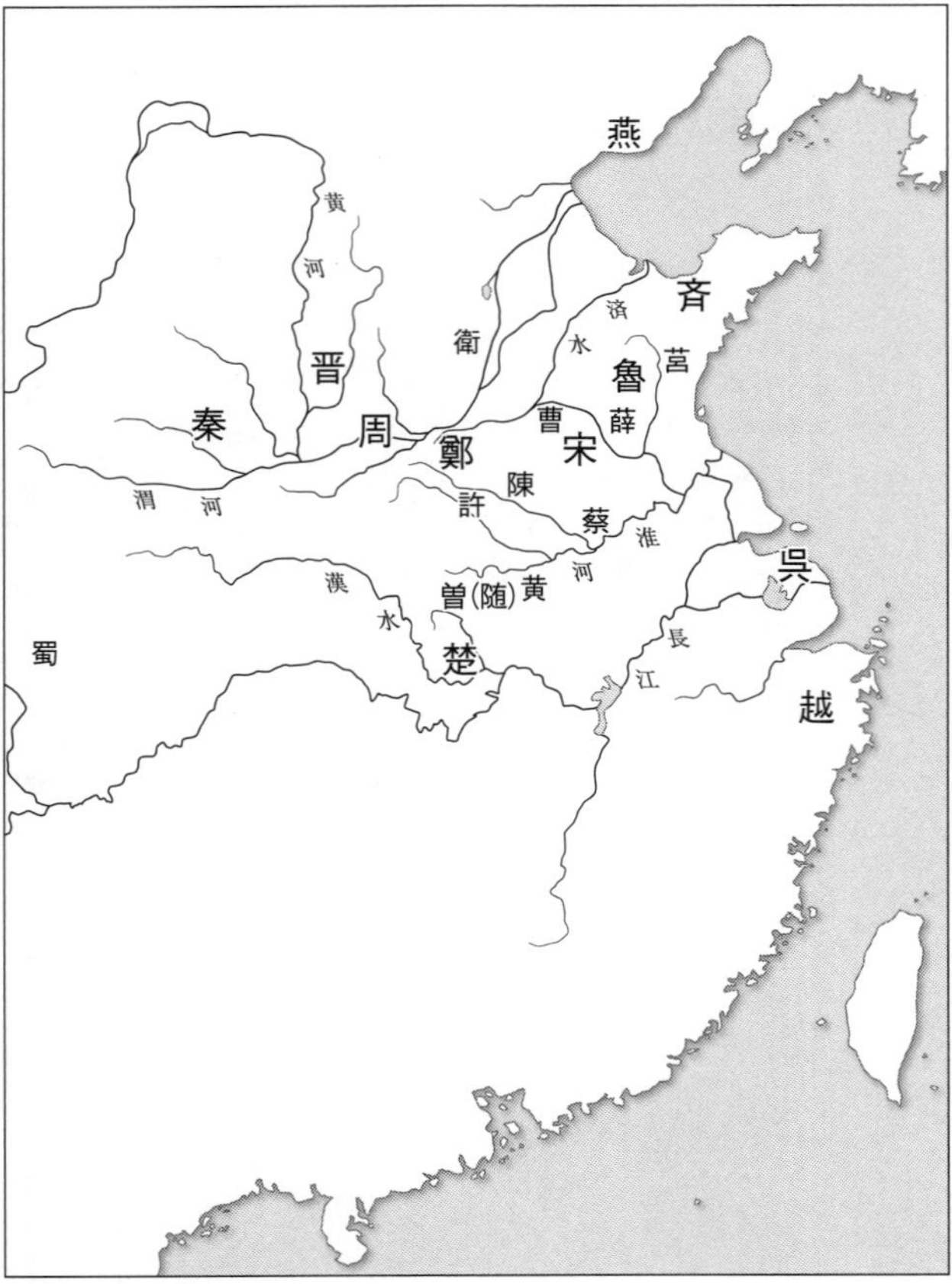

春秋期全体図

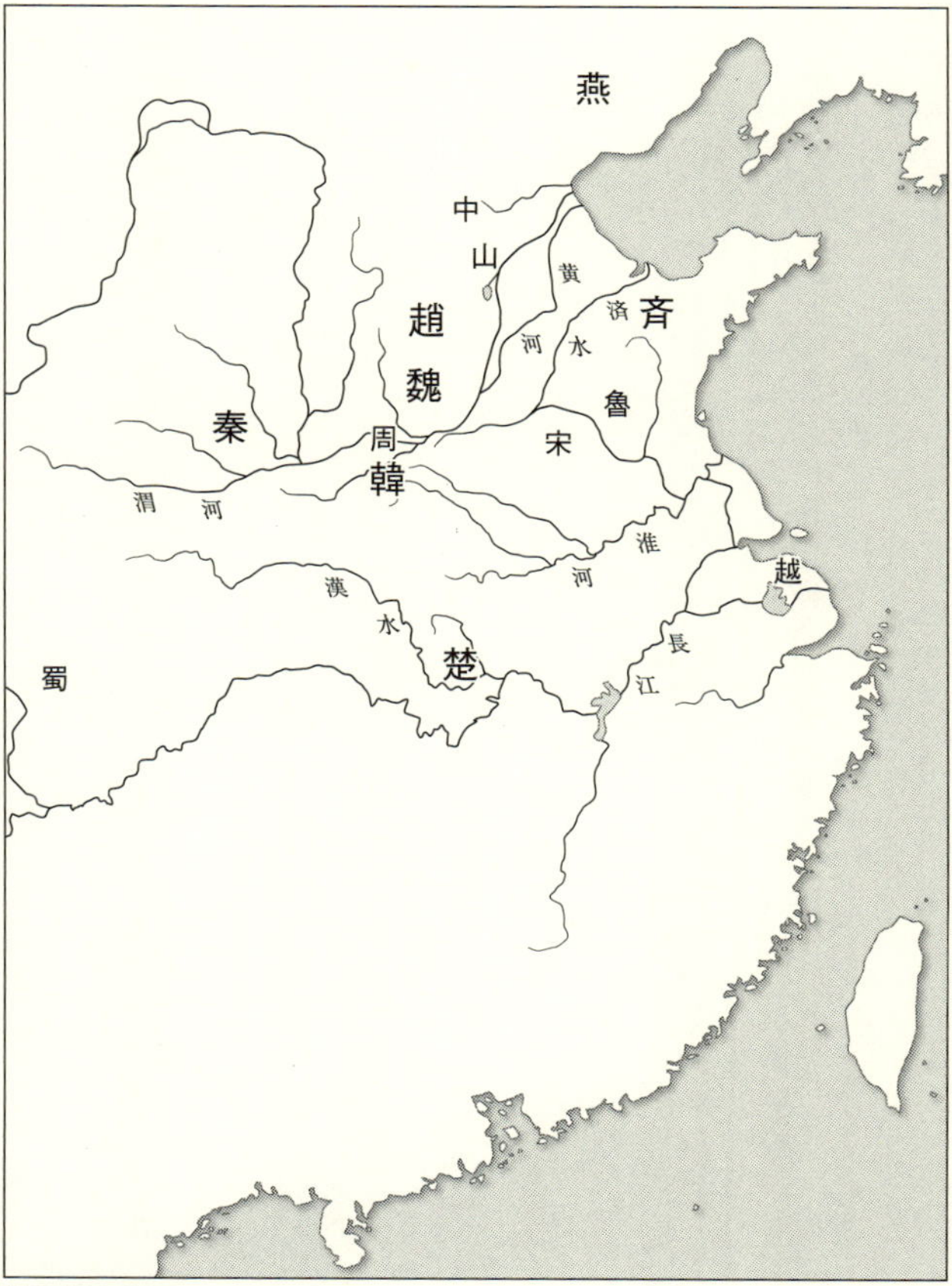

戦国期全体図

序　章

新出史料から明らかになる周代の歴史

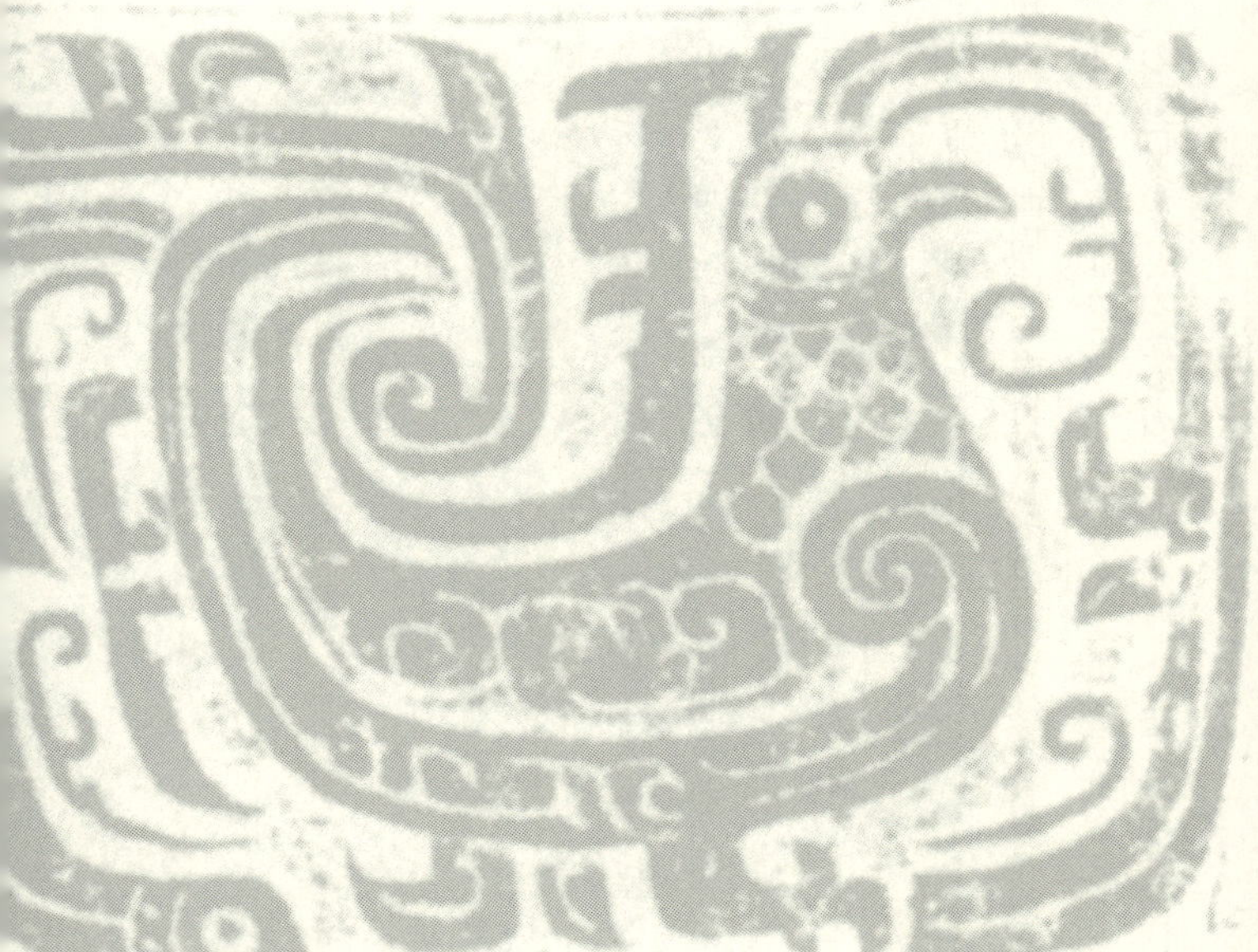

一　伝世文献と出土文献

周を再現する史料①――伝世文献

まずは周の歴史を見ていくうえで必要となる、多種多様な史料を確認しておこう。周代史の史料は、伝世文献《でんせいぶんけん》と出土文献《しゅつどぶんけん》の二種類に分けられる。伝世文献とは、『尚書《しょうしょ》』や司馬遷《しばせん》の『史記《しき》』など、伝統的に受け継がれてきた漢籍のことである。

周代の歴史や文化について記録した文献で、最も古い時期に作られたとされるのは五経《ごきょう》の中に数えられる『尚書』と『詩経《しきょう》』である。『尚書』は『書経《しょきょう》』とも呼ばれ、五帝に数えられる堯《ぎょう》・舜《しゅん》や夏《か》・商《しょう》・周の王侯の命令や訓戒などを集めたものである。特に西周の諸王や周公旦の言行をまとめた周書《しゅうしょ》の部分が西周史の史料として用いられる。篇によっては次項で解説する金文に見える文辞や形式との類似から、同時代史料として扱われることもある。『逸周書《いつしゅうしょ》』も同じく周代の王侯の言行をまとめたもので、『尚書』に準じて扱われる。

『詩経』は諸国の民謡を収めた国風の部分が有名であるが、周代の史料としてよく用いられるのは、祭祀儀礼を執り行う際の舞楽のための大雅《たいが》・小雅《しょうが》や、日本で言う祝詞《のりと》にあたる頌《しょう》の部分の諸詩である。これらの詩の中にも西周の同時代史料として扱われるものがある。

これらの文献は周代史に関する断片的な記録であるが、その断片を寄せ集めて通史としたのが、司馬遷の『史記』である。その中の周本紀《しゅうほんぎ》は、周王朝の興りから滅亡までをまとめており、世家《せいか》は呉《ご》・斉・魯《ろ》など各諸侯国の興亡についてまとめている。

春秋期の歴史については、やはり五経の一つとされる『春秋』や、その伝（注釈）の一つとされる『春秋左氏伝』（『左伝』と略称される）が主に史料として使われている。『春秋』は、隠公《いんこう》から哀公《あいこう》の時代までの魯国の史書であり、編年形式で、その記述は簡潔である。『左伝』は、『春秋』に言及される事件について詳細な説話を伝えており、魯以外の国についても記述が豊富である。周王朝や、あるいは西周期の事件に関する記録も断片的に見られる。『春秋』の伝としては、ほかに『春秋公羊伝《くようでん》』と『春秋穀梁伝《こくりょうでん》』がある。

国別の歴史をまとめた『国語』は、伝統的に『左伝』とともに左丘明《さきゅうめい》という人物の作とされてきた。この書の周語《しゅうご》の部分に西周第五代の穆王《ぼくおう》以後の周王の事績が記載されている。それぞれ前記の『史記』の周本紀や世家にも史料として用いられている。

『竹書紀年《ちくしょきねん》』は西晋の時代に戦国魏王《ぎおう》の墓とされる汲冢《きゅうちょう》から出土した竹簡《ちくかん》の史書であり、

夏・殷・周の三王朝及び諸侯国の晋と魏に関する記録である。体裁は『春秋』と同様の編年形式で、やはり記述が簡潔であるが、周代の歴史に関しては他の伝世文献には見られない情報が含まれている。ただしこの書は後に散佚《さんいつ》したとされており、現存する『竹書紀年』は一般的に後代に作られた偽書であるとされる（これを今本《きんぽん》『竹書紀年』と称する）。通常史料として引用されているのは、散佚する前に他の文献に引用された佚文である（この佚文を集めたものを古本《こほん》『竹書紀年』と称する）。汲冢からは穆王の西征をテーマとした小説『穆天子《ぼくてんし》伝《でん》』も出土している。ともに次に扱う出土文献に含めた方がよいのかもしれないが、現在伝えられているのは古文字によるテキストではなく、通行の字体に書き改められたものである。

このほか、周王朝あるいは周の時代の儀礼や制度をまとめたものとして、五経の一つとされる『礼記《らいき》』や、『周礼《しゅらい》』『儀礼《ぎらい》』があり、この三つの文献を三礼《さんらい》と総称する。『周礼』は『周官《しゅうかん》』とも呼ばれ、西周の官制をまとめたもので、伝統的には周公旦の作とされてきた。『儀礼』は貴族の最下層である士の階級の儀礼をまとめたものとされ、『礼記』は周の時代の礼制や礼に関する諸篇を集めたものである。礼に関する諸篇を集めたものとして、ほかに『大戴礼記《だたいらいき》』があるが、こちらは欠けた篇が多い。これらのうち、特に『周礼』は西周の制度を研究する際に重要史料として使用されてきたが、三礼のいずれも戦国期以降に成立したと考えられ、近年では西周史の史料としての有用性に疑問が持たれるようになっている。

図序－1　〈康鼎〉の器影（左）と銘文が鋳込まれている内壁部分（右）

周を再現する史料②——出土文献・金文

前項で解説した伝世文献は一部例外を除き基本的には二次的な史料と位置づけられるが、金文は同時代史料として扱われる。金文など考古学的な発掘、あるいは盗掘や偶然の発見によって出土した文字史料を出土文献と総称する。

金文とは青銅器の銘文のことである。特に西周期には、貴族たちが祖先を祀る施設である宗廟《そうびょう》や墓地に供えるための、礼器《れいき》あるいは彝器《いき》と呼ばれる種類の青銅器がさかんに作られた。金文はそれらの礼器の内壁、あるいは表側の紋様のない部分や縁などに鋳込まれている（図序－1を参照）。金文は基本的に青銅器本体を鋳造する際に、紋様と同じく陶范《とうはん》によって鋳込まれる。殷周期の銘文陶范の実物も発見されている。

金文は、殷代には図象記号《ずしょうきごう》（あるいは族徽《ぞくき》・族氏銘文とも。図序－2を参照）と呼ばれる氏族やその職掌などを示した紋章のようなものや、祭祀対象となる祖先の号を刻した単純なものが主であったが、殷末から長文のものが見られるようになった。

図序－2　図象記号の一例

その内容は青銅器を作らせた当人が主君から褒賞を受けたことを記すものが多い。更にそれに付随して褒賞を受けるに至った事情、たとえば戦争に従軍して勲功を挙げたとか、王の主催する祭祀儀礼に参加して王から直々に言葉をかけられたとか、何らかの任命を受けたといったことが記されることがあり、その部分が西周史の史料となる。これらの銘文は宗廟などでの祖先祭祀の際に祝詞のような形で読み上げられたのだろう。

それ以外にも貴族同士の裁判の経過や結果を記録したものもあり、それらはおそらく契約文書のような役割を果たした。

松丸道雄（東京大学名誉教授）の研究によれば、金文を有する青銅器は多くの場合、王などの主君の工房で鋳造されたと見られる。河南《かなん》省の洛陽北窯《らくようほくよう》西周遺址《いし》では、西周期のものとしては最大規模の青銅器の工房の跡が発見されているが、これは周王室の工房とされている。臣下が主君から褒賞を受けた際に、それを記念するために青銅器の制作が許可され、臣下が工房に青銅器の制作を発注したと推測されている。

金文の文案については、褒賞を受けた事情に応じておおよそのテンプレートが用意されており、そこに個別の内容をあてはめていき、金文を鋳込むスペースなどを勘案して適宜文辞を節略していくという方法がとられたのだろう。青銅器の器形・紋様・銘文の三つの要素が一定の形式に沿っていることで記念品として機能したと、筆者は考えている。

銘文を有する青銅器は、通常［作器者《さくきしゃ》（青銅器を制作させた人物）の名＋青銅器の器種名］でもって呼称される。たとえば図序－1に挙げた〈康鼎《こうてい》〉という青銅器の場合は、康という人物が作らせた鼎ということである。同一人物による器が複数ある場合、器の大小に応じて〈大盂鼎《だいうてい》〉〈小盂鼎《しょううてい》〉などと称したり、その金文中に見える年代に応じて〈五年琱生簋《ちょうせいき》〉〈六年琱生簋〉などと称したりする。

周を再現する史料③――出土文献・甲骨文と竹簡

金文以外の出土文献としては、殷と同様に周にも甲骨文《こうこつぶん》があり、陝西《せんせい》省の周原《しゅうげん》遺址や周公廟《しゅうこうびょう》遺址などで発見されている。殷代末期から西周前半期にかけてのものと見られ、これら甲骨文も金文と同様に同時代史料として扱われる。

このほか、近年発見が相次いでいる戦国時代の竹簡にも周代の史料として使用できるものがある。中国の清華《せいか》大学所蔵の戦国竹簡に『繫年《けいねん》』と呼ばれる史書が含まれているが、これは西周期から戦国前半期までの説話を記載しており、特に西周に関しては他の文献に見られない情報を含んでいる。ただし制作年代は戦国後半期と見られるので、史料としての扱いは『左伝』などと同じく二次史料ということになる。

なお、本書で使用する出土文献の図録の略称は以下の通りである。

合集《がっしゅう》　『甲骨文合集』
周原　『周原甲骨文』
郭店簡《かくてんかん》　『郭店楚墓竹書』
上博簡《しゃんはくかん》　『上海博物館蔵戦国楚竹書』
清華簡《せいかかん》　『清華大学蔵戦国竹簡』
浙江簡《せっこうかん》　『浙江大学蔵戦国楚簡』
北大漢簡《ほくだいかんかん》　『北京大学蔵西漢竹書』

このうち合集と周原が甲骨文の図録となり、残りは竹簡の図録である。本書で最も多く引用する金文と、一部石刻・陶器銘文などは、〈90毛公鼎《もうこうてい》〉のように本書独自の二桁の通し番号を付し、巻末の「引用金文等索引」で出典を示した。

出土文献の引用にあたっては、できるだけ通行の字体に改め、かつあらかじめ通仮字《つうかじ》に変換した寛式《かんしき》表記を用いることを特にお断りしておく。また、引用文中の□は欠字あるいは不明字を、［　］内の文字はその欠字部分に補った字を、……は中略を示す。

二　西周期と東周期

西周期の四区分

前節で紹介した史料により、周はどのような時代と位置づけられるのだろうか。周代が西周期と東周期に分けられるのは「はしがき」で述べた通りであるが、もう少し詳しく見ておこう。

西周金文の研究において、西周期は通常早期・中期・晩期（中国での呼称。日本語の語感では早期は初期あるいは前期の意であり、晩期は後期の意）の三期に区分される。またそれぞれの期を更に細かく前半と後半とに分けることもある。この三期区分は元来金文そのものではなく、金文が鋳込まれた青銅器の器形や紋様の変化といった考古学的な分期を行うための区分である。金文の分期でこの三期区分が採用されてきたのは、青銅器の考古学的な編年が金文の制作時期を判断するうえで重要な指標のひとつとされてきたからである。

ただ、金文の内容の変化を重視した場合、多くの研究者が指摘するように、三期区分の中期後半から、一定の形式で王が臣下に官職・職事の任命を行う冊命《さくめい》儀礼《ぎれい》が出現することが大きな画期となる。これはまた周王朝の最盛期から衰退期への変わり目の時期にも当たっているので、これを境目として西周期を前半と後半とに分ける二期区分の方が金文の内容・形式や、そこから見て取れる西周期の時代の変化をとらえやすいということになる。本書でも大きな区分としては三期区分ではなく、二期区分を採用する。

松井嘉徳（京都女子大学）の論文「西周史の時期区分について」は、こういった西周期の時期区分の問題について検討し、唐《とう》代文学研究の初唐・盛唐・中唐・晩唐の区分に倣い、初周・盛周・中周・晩周の四期区分を提言している。本書では、以下に示すように、前半期・後半期を更にそれぞれ前半（Ⅰ）と後半（Ⅱ）に小分けし、この四期区分の考え方を取り入れる。

西周前半期Ⅰ　文王・武王・成王《せいおう》の時代。周王朝の創建期。文王・武王の二代による殷王朝打倒の後、成王と、彼を支える周公旦や召公奭《しょうこうせき》によって周王朝の基礎が築かれていく。この時期のことについては本書の第1章で見ていくことにする。

西周前半期Ⅱ　康王《こうおう》・昭王《しょうおう》・穆王《ぼくおう》の時代。諸侯の封建や南方遠征が活発に行われた周王朝の支配領域拡大期。周王の主催による「会同型儀礼《かいどうがたぎれい》」がさかんに行われたのもこの時期のことである。第2章で取り上げる。

西周後半期Ⅰ　共王《きょうおう》・懿王《いおう》・孝王《こうおう》・夷王《いおう》の時代。周王朝の支配領域拡大が頭打ちとなり、緩やかな衰退が始まる一方で、「西周後期礼制改革」が進行し、特に冊命儀礼によって周王朝の政治的秩序が完成された周王朝の安定期。第3章で取り上げる。

西周後半期Ⅱ　厲王《れいおう》・宣王《せんおう》・幽王《ゆうおう》の時代。厲王のような暴君の出現や、厲王による専横への反発から「共和《きょうわ》の政」が成立するといった混迷期。一方で犬戎のような外部勢力の侵攻も相次ぎ、最終的に幽王の死と東遷へと至る。第4章で取り上げる。

なお、周王朝創立の年代や各王の在位年代については諸説ある。中国で国家プロジェクトとして進められた夏・殷・周王朝の年表作成（夏商周断代工程《かしょうしゅうだんだいこうてい》）により、二〇〇〇年にそれぞれの在位年代などが発表されたが、これはあくまで今後の研究の叩き台であり、その後も新しい金文の発見を承《う》けた研究の進展によりその都度部分的な修正案が提示されている。よって、本書でも年代が明確となる「共和の政」の開始（前八四一年）以前については、西暦による具体的な年代を挙げていないことを、ここで特にお断りしておく。

東周期の三区分

幽王の子平王《へいおう》が立ち、周王朝の根拠地を東方の洛邑《らくゆう》に移したことにより、幽王の死以後の前七七〇年から周が秦によって滅ぼされる前二五六年までを東周期と呼ぶ。東周期は更に春秋期と戦国期に分けられる。ただし、戦国期は周王朝滅亡後、更に秦による統一が成った前二二一年までとされる。それぞれ伝世文献の『春秋』と『戦国策』より名付けられた名称であるが、正確には『春秋』は前七二二年からのことしか記載していない。

前七七〇年から前七二三年までのことについては、『史記』や『竹書紀年』、〈清華簡〉『繫年』などに断片的な記述が見える。京都大学の吉本道雅はこのおよそ五十年間を西周期から春秋期への移行期として東遷期と位置づける。

東遷期　前七七〇年から前七二三年まで。幽王の死後、周では一時幽王の弟携王《けいおう》の政権が成立したが、最終的には平王が正統の王とされ、周の根拠地が洛邑へと移される。これ以後周王朝の勢力が弱体化していき、地方を治める諸侯が時代を動かす中心となっていく。この時期はその趨勢《すうせい》が固まるまでの混乱期・移行期である。次の春秋期と併せて第5章で見ていくことにする。

春秋期　斉の桓公、晋の文公といった有力諸侯が覇者として勢力の衰えた周王を奉じ、他の諸侯を指導した時期であるが、一方で諸侯の側も周王の臣下としての意識をなお保持しており、西周以来の政治的枠組みがそれなりに有効な時期であった。この時期のことについては第5章・第6章で取り上げる。

戦国期　戦国期の開始年代については、諸侯国の晋で、臣下のうち最有力氏族であった知《ち》氏《し》を韓《かん》・魏・趙《ちょう》の三氏が滅ぼし、この三氏が晋を分割するきっかけとなった年である前四五三年とする説か、あるいは、その三晋が周王から正式に諸侯と認められた年であり、『春秋』を継ぐ編年史として宋《そう》代に編纂《へんさん》された『資治通鑑《しじつがん》』が記述を開始する年である前四〇三年とする説が、日本では一般的である。中国では『春秋』の記述が終わる前四八一年説や前四七九年説（『左伝』に附載される『春秋』は前四七九年の条まで記載するが、『公羊伝』『穀梁伝』に附載の『春秋』は前四八一年までである）、『史記』六国年表《りっこくねんぴょう》の開始年代である前四七五年説などがある。本書では強いて具体的な年号を定めることをせず、前五世紀の前半頃に春秋から戦国期へ移ると見ておきたい。この時期には「戦国の七雄」と呼ばれる諸侯たちがそれぞれ王と称して争ったが、秦が最も有力となり、前二五六年の周王朝滅亡を経て前二二一年に秦王政《せい》（すなわち始皇帝）によって中国が統一された。この時期については第6章及び終章で取り上げる。

春秋・戦国期については、本書では「はしがき」に述べたような意図により通史的な解説を避け、東周王朝の動向や、西周の礼制や文化がどのように受け継がれていったのかといった問題を中心に見ていくことにしたい。また、戦国期の記録については年代上の混乱が見られ、事件等の年代について研究者の見解が一致しないものが多いというのが現状である。よって、やはり西周期の場合と同様に、西暦による具体的な年代については、必要最小限にしか取り上げていないことを特にお断りしておく。

第1章

創業の時代

西周前半期 I

一　王朝成立以前

伝世文献より見る周の興り

王朝成立以前の周について、まずは伝世文献を手掛かりとして見ていこう。周の始祖たちの事績は『詩経』大雅の諸篇やその他の文献に見えるが、これらをリライトしてまとめた『史記』周本紀によって見ていくのが便宜である。ここでは主に周本紀により、ところどころ出典となる文献で補足しながら周の始祖たちの歩みをたどっていくことにしよう。

周本紀は、周王室の始祖后稷《こうしょく》の出生から始まっている。これによると、后稷は、彼の母の姜原《きょうげん》（あるいは姜嫄《きょうげん》とも）が野に出て巨人の足跡（『詩経』大雅の生民《せいみん》では、上帝の足跡の親指の部分とする）を踏んだことにより身ごもったが、不祥の子であるというので棄《す》ててしまった。ところが馬や牛が赤子を避けて通ったり、場所を移してみても鳥がその翼で覆って暖めるといった神異が続き、姜原は結局赤子を育てることにした。最初これを棄てようとしたことから、弃《き》と名付けた。弃は棄字と同じである。

幼少の弃は麻や菽《まめ》を植えたりするのを遊びとした。成人してからも農業を好み、評判を聞いた帝尭《ていぎょう》によって農師《のうし》（農業の官）に任じられ、功績があった。更に次の帝舜《ていしゅん》によって邰《たい》（今の陝西省武功県《ぶこう》）の地を与えられ、后稷と号し、姫《き》を姓とした。帝舜が弃を后稷としたことは『尚書』舜典《しゅんてん》にもとづく。

母親が巨人あるいは上帝の足跡に感応して身ごもった点から、后稷の出生は感生説話の一種とされる。しかしここで注目したいのは、農業との関わりである。生民の詩では更に上帝が后稷に穀物の嘉種《かしゅ》を降し、この種子を植えて収穫物を上帝への捧げ物としたという。后稷の号も農業と関係があり、一般的には農官の号とされるが、元来稷神すなわち農業の神としての呼称であったとする説もある。

さて、后稷の子不窋《ふちゅつ》は当時の夏王朝の政治の衰えから農官の職務を失い、「戎狄《じゅうてき》の間」つまり野蛮人の地に逃れた（后稷以降の系譜については図１－１を参照）。この不窋の話は『国語』周語上にもとづいている。しかしその孫の公劉《こうりゅう》の代に「后稷の業」すなわち農業を再開した。周本紀ではその子慶節《けいせつ》の代に豳《ひん》の地（今の陝西省彬《ひん》県・旬邑《じゅんゆう》県の間）に国を建てたというが、『詩経』大雅・公劉では、「篤公劉、于豳斯館」（徳に篤い公劉は、豳の地に館を置いた）と、公劉の代に豳の地に定住したとする。

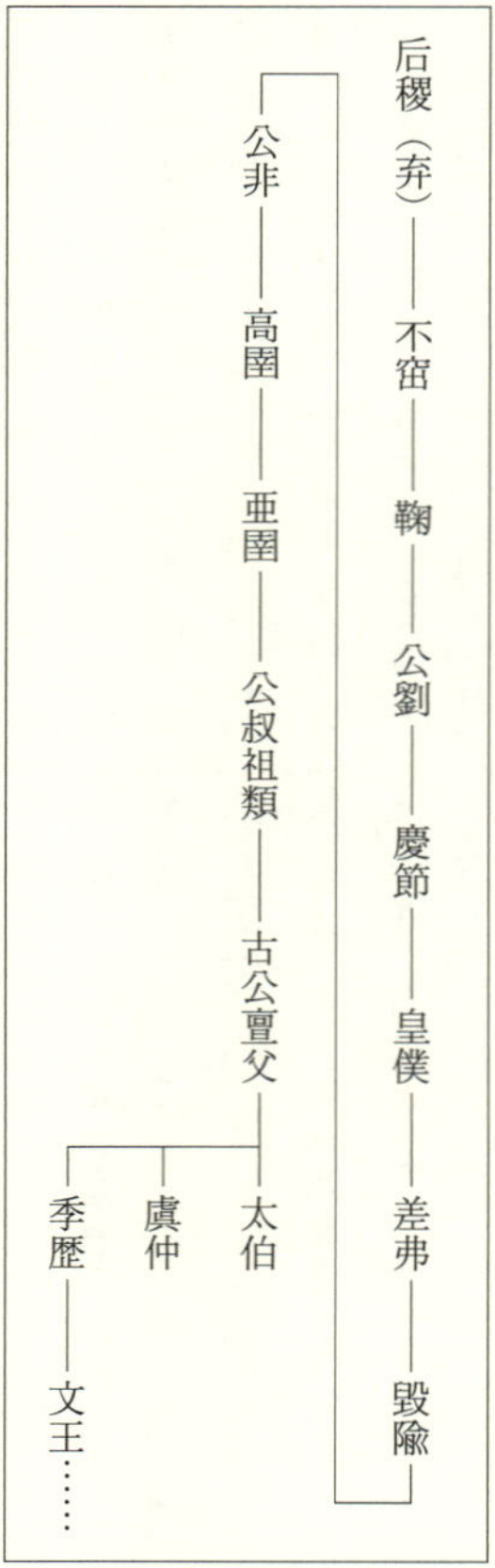

図1－1　王朝成立以前の周王室系図

公劉より九代目の子孫古公亶父《ここうたんぽ》（あるいは太王《たいおう》とも呼ばれる）の代になって再び「后稷・公劉の業」を修めることになった。つまりその間農業をやめ、「戎狄」のような生活を送っていたということである。それがどのようなくらしを指すのか、詳細はわからない。牧畜、あるいは狩猟・採集を主とした生活を想定しているのだろう。

しかし戎狄の薫育《くんいく》の侵攻を受けたことにより、古公は族人を引き連れ、豳を去ることになる。この薫育については、『詩経』大雅・緜《めん》では混夷《こんい》という名称になっているが、それぞれ第4章で登場する玁狁《けんいん》・犬戎と同じ集団を指すと考えられている。

古公は漆水《しっすい》・沮水《しょすい》という二つの川を渡り、梁山《りょうざん》を越え、岐山《きざん》の南麓《なんろく》に到達した。いわゆる周原《しゅうげん》の地である。周原は今の陝西省岐山県・扶風《ふふう》県一帯の地で、北は岐山、南は黄河《こうが》の支流の渭河《いが》（渭水）に臨んでいる。この地域では、岐山県鳳雛《ほうすう》村甲組建築遺構など殷末周初の頃からの大型建築遺構を中心とする周原遺址が発見されている（第3章の図3－5を参照）。渭河の南には更に秦嶺《しんれい》山脈が控え、渭河の中下流域一帯は、南北を山脈に挟まれた盆地となっている。この盆地帯を関中《かんちゅう》平原と呼ぶ。

周本紀のこの部分のもとになった『詩経』大雅・緜では、「周原膴膴、菫荼如飴」（周原は土地が肥えていて、生えている苦菜《にがな》の類も飴のように甘い）とうたっている。中国考古学の西江清高・渡部展也の調査研究によると、周原を含む岐山南麓一帯は泉や小河川といった水資源が豊富で農耕に適し、更に山麓部に位置することで眺望にすぐれた地域とのことである。

周本紀ではこの地で古公亶父は「戎狄の俗」を卑しんで改め、「城郭室屋」を築かせ、集落ごとに人々を住まわせ、官制を定めたという。国家としての体裁を整え始めたのである。

古公には太伯《たいはく》・虞仲《ぐちゅう》・季歴《きれき》の三人の息子がいたが、末っ子の季歴の息子が昌《しょう》、すなわち文王である。古公が孫の昌に期待して後継ぎとしたがっているのを察し、太伯と虞仲は「荊蛮《けいばん》」の地へと去り、昌の父季歴へと後継者の地位を譲ったという。太伯・虞仲は呉国の始祖とされる。

古公の別称太王はおそらく文王・武王の時代以後の追号であろうが、国家としての周の開祖の意がこめられている。飯島武次（駒澤大学名誉教授）の報告によると、近年、周公廟遺

図1－2　王季の名が見える周公廟甲骨文

址で発掘された甲骨に「亶王」と刻まれているものがあり、古公を指すとするが、この甲骨の図版等はまだ公表されていない。

季歴は公季《こうき》・王季《おうき》とも呼ばれるが、それぞれ古公あるいは太王の季子（末っ子）の意である。このような呼び方は西周金文でよく見られ、「公仲」（公の二子）「公叔」（公の三子）のような呼称が存在する。やはり周公廟遺址の甲骨文に王季に対する祭祀を占ったものがあり、こちらは図版が既に公表されている（図1－2）。季歴の実在を暗示するものと見てよい。この季歴の時代を経て文王の時代へと移っていく。

農耕民、非農耕民——二つのアイデンティティ

以上のような伝世文献の記述からは、周の始祖たちが根拠地を移すと、農業をやめて戎狄のくらしを始め、後にまた農業を再開するといった具合に、移動にともなって生業も転換したことが読み取れる。台湾出身の古代史研究者許倬雲《きょたくうん》は、周の人々の移動は、当時のユーラ

シア大陸規模での遊牧民による民族大移動の影響を受けたものであり、その都度戎狄の圧迫を受けて移住を迫られたのではないかと推測する。

しかし伝世文献の記述は、本当にそのような歴史的な事実を直接反映したものなのだろうか。民族学の視点から研究を進める台湾の王明珂《おうめいか》は、周本紀などの記述から、周の人は農業と定住を、自分たちと戎狄など他者とを区別する基準としていたとする。伝世文献を周の人々のアイデンティティが反映されたものととらえているのである。

農耕と定住を理想とする一方で、周は戎狄のくらしにも馴染んでいた。周原を含む渭河流域一帯には、ほかにも戎狄のくらしに馴染んでいた姜《きょう》などの族群がおり、周はこの姜と婚姻を通じた連合を形成していた。周本紀によると古公亶父は姜出身の太姜《たいきょう》を妻とし、彼女との間に季歴が生まれた。后稷の母の名が姜原（姜嫄）とされるのも、周と姜との古くからの結びつきを反映したものだろう。

周の人々は定住性の農耕民と、移動性の非農耕民の二つのアイデンティティの板挟みになっていたのである。かつ、周が対処に最も頭を悩ませた勢力は、自分たちを圧迫する戎狄というわけではなく、渭河流域の東方に根拠地を置く殷王朝であった。王明珂は、周は他の農耕定住民や殷王朝との連帯をはかったり、移動性非農耕民の排斥をはかる際には、定住性農耕民としてのアイデンティティを強調し、殷王朝と対抗する際には、戎狄のくらしに馴染んだ姜などの族群との一体性を強調したとする。

甲骨文より見る殷との関係

それでは、この殷王朝と周との関係を探っていくことにしよう。
殷代の甲骨文には周の国、あるいは周に関わる人物が登場する。

・丙辰卜、賓貞、王叀周方征。貞、王勿隹周方征（合集六六五七正）（図1－3）。
丙辰《へいしん》の日に卜占《ぼくせん》を行い、賓《ひん》が問う、王は周方を征するべきだろうか。問う、王は周方を征するべきではないのだろうか。

この甲骨文に見えるように、周は殷の外地に位置する方国のひとつとして位置づけられ、時に殷王朝による征伐の対象となった。
その一方で、以下のように周あるいは周の国君に何らかの命令を下した文もあり、これらは周が殷王朝に服属していたことを示す。

・勿令周往于□（合集四八八三）。

周（の君）に命じて□の地に往《い》かせるべきではないのだろうか。

更に「周侯」の号が見える甲骨文もあり（合集二〇〇七四）、殷王朝服属時には周の君主は諸侯として位置づけられていた。

ついでに触れておくと、王が諸侯を建てて地方を統治させるという封建制は周が創始した制度というわけではなく、殷代には既に存在したとされている。また中国の学界ではヨーロッパ中世の封建制（feudalism）と区別するためか、中国のそれを「分封制《ぶんぽうせい》」と呼ぶことが多いが、本書では取り敢えず馴染みのある従来の封建制という呼称を使っておくことにする。

そして次の甲骨文などには、殷王の妃として「婦《ふ》周《しゅう》」が見える。周から送り出された妃ということである。

・甲子卜、貞、婦周不延。□寅、貞、□周疾延（合集二二二六五）。

甲子《こうし》の日に卜占を行い、問う、婦周（の疾病）が長引かないだろうか。□寅《いん》の日に、問う、（婦）周の疾

図１－３　合集六六五七正　甲骨文

病は長引くだろうか。

これらは伝世文献では描かれない殷と周との関係を示す。前記の甲骨文は殷王武丁《ぶてい》期のものであるが、ロシア出身の先秦史研究者ゴロデッカヤはこれらの甲骨文などから、周は武丁期以後に殷への服属と通婚を経て、殷王室の親族のひとつとして上層貴族の地位を獲得し、言語・文化・信仰を殷と同じくするようになっていったとする。

殷との通婚について伝世文献によって補うと、『詩経』大雅・大明《たいめい》には季歴とその妻大任《たいじん》との婚姻に関して、「摯仲氏任、自彼殷商、来嫁于周」（摯《し》の国の二番目の娘の任《じん》は、殷よりやって来て、周に嫁いだ）とあり、殷王朝の差配で有力氏族の娘が周に嫁いだと述べている。周は殷王室などに女性を嫁がせるだけでなく、このような形で殷人の女性を受け入れることがあったのだろう。

・癸巳、彝文武帝乙宗、貞、王其昭祭成唐鼎、禦服二母、其彝血羋三豚三、思有正（周原H一一：一）。

癸巳《きし》の日に、文武なる帝乙《ていいつ》の宗廟において、問う、王は礼器を揃えて盛大に成湯《せいとう》を祀り、禦《ぎょ》祭《さい》によってその配偶二母を祀るのに、雄羊三匹と豚三匹の血を捧げれば、祥瑞《しょうずい》が得られるだろうか。

この周原遺址で発見された甲骨文（周原甲骨文）では、殷最後の紂王《ちゅうおう》の父帝乙の宗廟で、王（おそらくは周の文王か武王）が殷初代の王成唐《せいとう》（成湯）などを祀ったことが記されているが、ゴロデツカヤはこれも周王が殷王室の親族の資格で祭祀を執り行ったものと見る。前項の話とつなげれば、周は殷王室を支える一員としてのアイデンティティも持っていたということになる。

二　殷周革命

紂王は暴虐だったか

それではその殷王室を支える一員としてのアイデンティティも持っていたであろう周が、なぜ殷王朝打倒に立ち上がることになったのだろうか。

古本『竹書紀年』には、季歴が殷王武乙《ぶいつ》あるいはその子の太丁《たいてい》の時代に「殷の牧師」に任命される一方で、文丁《ぶんてい》（太丁の別号）がその季歴を殺したとある。『史記』殷本紀及び周本紀によると、季歴の子の文王は九侯《きゅうこう》・鄂侯《がくこう》とともに殷の三公に任命されていたが、最後の殷王となる紂によって九侯と鄂侯が殺害されてその肉がそれぞれ醢《しおづけ》と脯《ほしにく》にされてしまい、文王は崇侯虎《すうこうこ》の讒言《ざんげん》によって羑里《ゆうり》という所に監禁された。その後文王の家臣の賄賂《わいろ》によって釈放され、却って紂より西方の諸侯の旗頭となる西伯《せいはく》に任じられた。

季歴・文王の時代に殷王に重用される一方で、その力を警戒される微妙な立場になったと見られる。文王が西伯に任じられたことについては、周原甲骨文（周原H一一：八二及びH一一：八四）に周の君主を「周方伯」と称しているのが見え、おそらくはこのことを反映している。方伯もやはり諸侯の旗頭を指す。

殷王の紂は、受《じゅ》とも呼ばれ、また帝辛《ていしん》の号がある。紂字と受字は発音が近い。戦国期の竹書である〈上博簡〉『容成氏《ようせいし》』では、紂王にあたる人物の名が「受」と表記されており、受の方がもともとの名であったのかもしれない。「帝辛」は殷代に行われていた、甲乙丙丁《こうおつへいてい》などの十干《じっかん》による号、すなわち十干諡号《しごう》である。

紂の暴虐については、このほか酒を注いで池を作り、肉を懸けて林とし、長夜の飲を行ったという有名な「酒池肉林」の話や、妲己《だっき》を寵愛してその言に従ったとか、炮格《ほうらく》の刑（炮烙の刑とも。炭火を焚いた上方に油を塗った銅柱を架けて罪人に渡らせ、転落させる刑罰）のような残酷な刑罰を行ったとか、諫言《かんげん》した王子比干《ひかん》の胸を裂いてその心臓を見たといった話が伝えられるが、いずれも説話としての色彩が強く、そのまま歴史的な事実を記したとは信じがたたい。

滅亡前後の殷の状況については、後代に著述された伝世文献はともかく、同時代史料からは不明確な点が多い。

甲骨文・殷代史研究の落合淳思は甲骨文の分析から、殷王朝と周辺の方国との長期的な対立を背景として、王朝の支配体制の動揺が進む中で、殷末の王が軍事力の強化と五祀周祭（殷の先王や配偶に対して祭《さい》・𩱦《さい》・𠯑《きょう》・彡《ゆう》・翌《よく》の五種の祭祀を一定の順で施行する）の徹底による権威強化を進め、敵対する東方の人方《じんぽう》の征伐に成功したが、殷王の集権化に不満を持った地方領主による離反が進み、そうした不満分子のひとつである盂方《うほう》の反乱の討伐がきっかけで殷王朝の衰退が始まったという見通しを示す。反乱をおこした盂方の君は甲骨文（合集三六五一一等）に「盂方伯炎《えん》」とあり（炎は盂方伯の名）、周の君と同じく方伯であった。周も同様に殷王朝からの離反をはかった勢力のひとつであったと位置づけられよう。

「天命」を受けた文王

今度は『史記』周本紀によって文王の行動を追っていくと、西伯に任じられた文王のもとに諸侯間の争いごとの調停が持ち込まれるようになり、文王は「受命の君」（天命を受けた君主）として信望が高まっていった。この頃から周の君は王と称するようになったという。

そして犬戎・密須《みっしゅ》・耆国《き》（あるいは黎国《れい》などの別称がある）・邘《う》といった周辺の勢力の征伐を進め、最後に自分を紂に讒言した崇侯虎を滅ぼし、崇国の跡地に豊《ほう》を建て、周原からこの地に拠点を移した。豊は豊邑・豊京《ほうけい》とも呼ばれ、現在の陝西省西安《せいあん》市西郊、渭河の支流灃河《ほうが》の西岸に位置したとされ、その対岸には武王が根拠地とした鎬京《こうけい》があったとされる。

文王によって征伐された勢力のうち、密須については周原甲骨文（周原H一一：一三六）に「往密」（密に往く）とあり、ある程度史実を反映している可能性がある。邘については殷墟《いんきょ》甲骨文の盂方と何らかの関わりがあるのかもしれない。また、崇侯虎の国については、飯島武次の報告によると、未公表の周公廟甲骨文に崇という地名が見えるものがあるという。

戦国竹簡を参照すると、文王の諸勢力征伐には異伝があったようで、〈清華簡〉『耆夜《きや》』では、耆国の征伐は次の武王の時のこととされている。また『容成氏』では、邘・耆・崇（崇侯虎の国であろう）・密須などの九邦が殷に背くと、文王が受（紂）よりその征伐を命じられ、文王が凶事を示す喪装をして至るとたちまち七邦が降伏したが、豊と鎬の二邦が従わなかったので戦いとなり、最終的に豊・鎬の民が文王の説得に応じて降伏したことを記す。この記述をふまえると、おそらく豊京と鎬京はこの豊と鎬の地に建てられたということになり、崇侯虎の地とは無関係となる。

称王の際には、殷王に替わり得る存在として、王室に連なる高貴な血統が強調され、殷に与《くみ》する崇侯虎などの勢力を征伐する際には、「戎狄の間」でくらしていた頃の歴史的な記憶が掘り起こされ、同様の境遇にあった勢力との連携をはかるといった、周の持つ複雑なアイデンティティがその都度選別され、利用されることになったのだろう。

周本紀によれば、文王は豊に拠点を移した翌年に亡くなり、克殷《こくいん》すなわち殷王朝打倒の事業はその子の武王発《はつ》に受け継がれることになる。

武王、殷を倒す——牧野の戦い

『史記』周本紀によれば、武王が即位すると太公望・周公旦・召公奭《しょうこうせき》・畢公高《ひつこうこう》が彼を輔佐した。周公と畢公は武王の弟とされる。周公の号は、古公亶父の居所周原を采邑《さいゆう》（領地）としたことによるとされる。あるいは二〇〇三年に発掘が開始された陝西省岐山県の周公廟遺址が彼の采邑であったとする説もある。召公も周と同族とされてきたが、著名な文字学者白《しら》川静《かわしずか》（一九一〇～二〇〇六年）の論文「召方考」では、召公を殷代の有力な方国である召方の出身とし、召族は殷とも周とも異なる河南《かなん》の古族であるとする。

太公望は周と関係の深い姜の出身であり、文王の代から周に仕えた。呂尚《りょしょう》・師尚父《ししょうほ》とも呼ばれるが、尚父というのは名ではなく尊称である。〈清華簡〉『耆夜』などの出土文献では「呂上甫」「師上父」などと表記され、尚字は上の意となる。おそらくは太公が諸侯としての

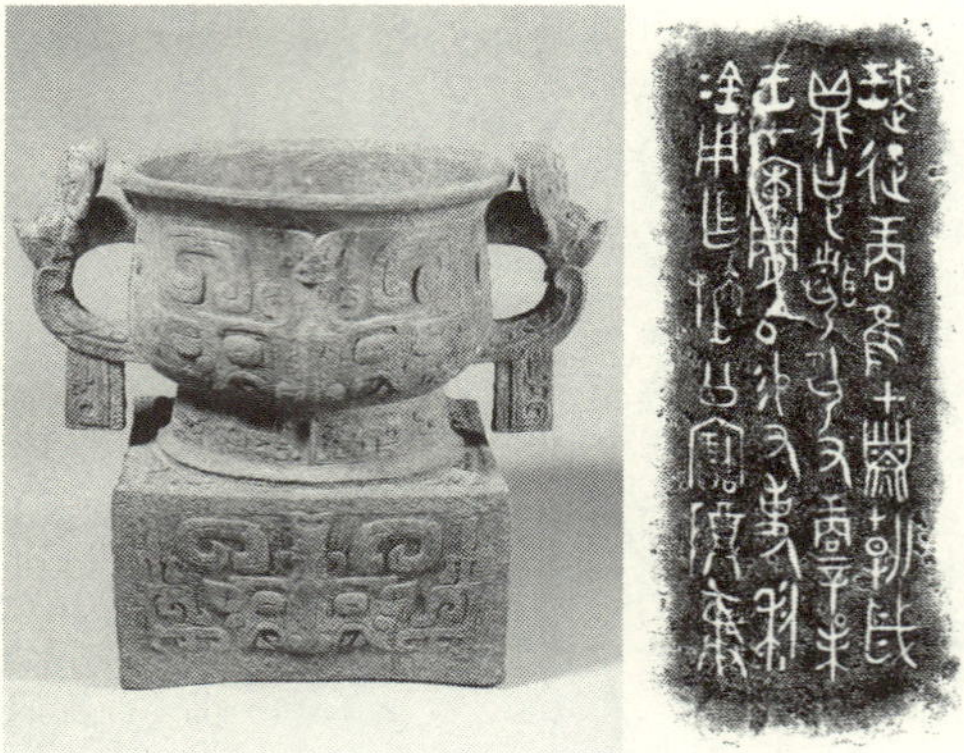

図1-4　〈93利簋〉器影（左）と銘文拓本（右）

号で、望がその名である。

そして武王は黄河の渡し場盟津《もうしん》（孟津とも。今の河南省孟津県）に出兵して八百の諸侯と盟約を結び、その二年後に再度諸侯と合流して盟津を渡り、殷との戦いを開始した。

殷と周の天下分け目の牧野《ぼくや》の戦い（牧野は今の河南省新郷《しんきょう》市牧野区）がおこったのは、『尚書』牧誓《ぼくせい》及びそれをリライトした『史記』周本紀では「甲子昧爽《まいそう》」（甲子の日の未明）とするが、一九七六年に今の陝西省西安市臨潼《りんどう》区で発見された〈93利簋《りき》〉の銘文によって、その伝承が正しかったことが証明された。その銘文には次のようにある（図1-4）。

・珷征商。隹甲子朝、歳鼎克。昏、夙有商。辛未、王在管師、賜右史利金。用作旜公宝尊彝。

武王が商を征した。甲子の日の朝に、突撃して勝利した。晩には、速やかに商邑を占領した。

（七日後の）辛未《しんび》の日に、王は管師にあり、右史の利に銅を賜った。（利は）それによって（祖先の）旝公を祀るための銅器を作った。

この銘の解釈には諸説あるが、中国古代史学の大家楊寛《ようかん》（一九一四〜二〇〇五年）の説に沿ってこのように釈しておく。牧野の戦いの当日のことを記したと見られるが、やはり甲子の日の朝に戦いがおこったとする。銘文では甲子の日の朝と晩の状況が対比されているのである。冒頭に「武王」の二字を合わせた「珷」字が見えるが、西周期には王が諡号ではなく在世時から文王・武王のような号（生号）を称していたのではないかとする議論がある。

戦いの様子を伝世文献によってもう少し詳しく見ておこう。周の軍勢の総数については、『史記』周本紀によると「戎車（兵車）三百乗、虎賁《こほん》（近衛《このえ》兵）三千人、甲士四万五千人」であり、それに諸侯の兵「車四千乗」が合流し、それを紂の兵七十万が迎え撃ったが、戦意なく、兵器をさかさまに持って戦い、武王の兵に道を開いたという。敗北を悟った紂は財貨を貯め込んだ鹿台《ろくだい》に登って珠玉を身につけ、自ら火をつけて焼死したとされる。その翌日には紂の宮殿で戦勝の儀式が行われている。やはり戦いは一日で終わったとされているのである。

武王の次の第二代成王の時代に作られた〈13何尊《かそん》〉では、周の勝利を「隹珷王既克大邑商」（武王が大邑商に勝った）と表現している。大邑商とは商すなわち殷王朝の都邑を指し、大なる商邑ということであり、天邑商とも呼ばれる。これに対応する言い回しとして、伝世文献に「小邦周」、すなわち小なる周邦という表現もある。当時の殷の都については伝統的には朝歌《ちょうか》(今の河南省淇《き》県)とされてきたが、現在では一般に河南省安陽《あんよう》市の殷墟とされている。北海道教育大学の竹内康浩は、牧野の戦いとは『史記』に見えるような大規模な軍勢によるものではなく、周がこの大邑商を攻撃目標として一気に攻め落とした、あるいは殷の同盟軍が揃う前に周軍が迅速な攻撃を仕掛けた戦いであったとしている。

ともかくこれによって周王朝が成立した。武王による殷への勝利は克殷あるいは克商と呼ばれている。その克殷の年については諸説あるが、近年中国の夏商周断代工程によって紀元前一〇四六年とする説が提示された。これは『国語』周語下の「昔武王伐殷、歳在鶉火」(昔武王が殷を伐《う》った時に、歳星〔木星〕が十二の星次《せいじ》のうち鶉火《じゅんか》の方位にあった)のような、伝世文献に見える克殷当時の天文に関する記述を手掛かりとし、これを〈93利簋〉銘文中の「歳鼎」の二字と結びつけて「木星が中天にある」などと解釈し、その天文現象がおこった年代を計算することによって得られたものである。

しかし『国語』周語下の記述は春秋期の周の景王《けいおう》(東周第十二代)と楽官《がくかん》の伶州鳩《れいしゅうきゅう》との問答の中で語られる話で、歴史的な事実としての信憑《しんぴょう》性に疑問があり、〈93利簋〉の「歳鼎」も先に示したように他の解釈も可能である。このような記述や解釈に寄りかかった前一〇四六年という年代を信じることはできない。
近年のほかの研究者の説を参照すると、日本の平勢隆郎（東京大学東洋文化研究所）が前一〇二三年、吉本道雅「西周紀年考」が前一〇三〇年という年代を提示するなど、克殷の年を紀元前十一世紀後半と見る点ではおおむね一致している。

歴史から伝承へ

最後に周の人が殷周の王朝交替をどのように見ていたのか、武王の孫の第三代康王の時代に作られた〈76大盂鼎〉の銘文で確認しておこう。この銘は臣下の盂に対する王の訓戒や命令が記されているが、その中に以下のような文辞がある。

・我聞、殷墜命、唯殷辺侯甸雩殷正百辟、率肄于酒、故喪師。
　私（王）が聞いたところによると、殷が天命を失ったのは、殷の諸侯と殷の百官が、みな酒に耽《ふけ》ったことにより、軍隊を失ったからである。

ここでは殷王朝滅亡の原因を酒に耽ったことに求めており、『史記』殷本紀の酒池肉林の話を想起させる。『尚書』酒誥《しゅこう》にもやはり殷王朝滅亡の原因を飲酒に求める文辞が見られる。

無論こういった文辞は、歴史的な事実というよりも当時の殷の滅亡に対する歴史的な認識を示したものである。この「歴史認識」が、第3章で扱う、青銅礼器から酒器が排除されていく「礼制改革」の動きに影響を与えたのかもしれない。

また、この文中で殷王朝のことを〈93利簋〉や〈13何尊〉とは異なり、「商」ではなく「殷」と呼んでいる点も注目される。殷は商を貶《おとし》めて呼んだ蔑称《べっしょう》であるとする俗説があるが、殷字の字義や出土文献での用例からはそのような要素は見出しづらい。

同じく〈76大盂鼎〉では周王朝の成立に関して以下のように言う。

・丕顕玟王、受天有大命、在珷王、嗣玟作邦、闢厥匿、匍有四方、畯正厥民。

大いにして顕《あきら》かなる文王は、天の持つ大命を受け、武王におかれては、文王を嗣《つ》いで国を興し、未開の地を開き、遍《あまね》く四方を領有し、長く民を治めた。

やはり周王朝の創始は文王・武王二代にわたる事業とされており、文王は天命を受けた受命の君と位置づけられ、武王は文王を嗣いで周の国を興し、四方を領有したとされている。文王・武王の事績については後の時期の金文でも類似の文辞が見られ、表現が定型化していたことがわかる。たとえば西周後半期の〈49師克盨《しこくしゅ》〉には、「丕顕文武、膺受大命、匍有四方」（大いにして顕かなる文王・武王は、大命〔天命〕を受け、遍く四方を領有した）とある。

豊田久（鳥取大学名誉教授）は金文に見える文王・武王の事績と、周王朝の君主の持つ「天子」と「王」の二つの称号とを組み合わせ、周王朝の君主は即位時にまず文王の事績を示す「天命の膺受《ようじゅ》」者としての天子の地位を継承し、ついで武王の事績を示す「四方の匍有《ほゆう》」者としての王の地位を継承したとする。

康王の時代には、殷の滅亡や文王・武王の事績は既にリアリティを感じられる歴史というよりは定型化された伝承と化しつつあり、それが周の君主の即位儀礼にも影響を与えていたのである。

三　反逆する殷の遺民

「三監の乱」

周王朝を開いた初代となる武王は、克殷からそれほど長い期間をおかずに没したとされる。たとえば夏商周断代工程では武王の在位年数を四年としている。その子の成王は幼少で即位したとされ、特に『史記』魯周公世家では、成王は即位当初「強葆《きょうほ》の中《うち》」、すなわち産着の中にいたとするが、後に引く「三監《さんかん》の乱」に関わる金文で自ら出征しているところを見ると、

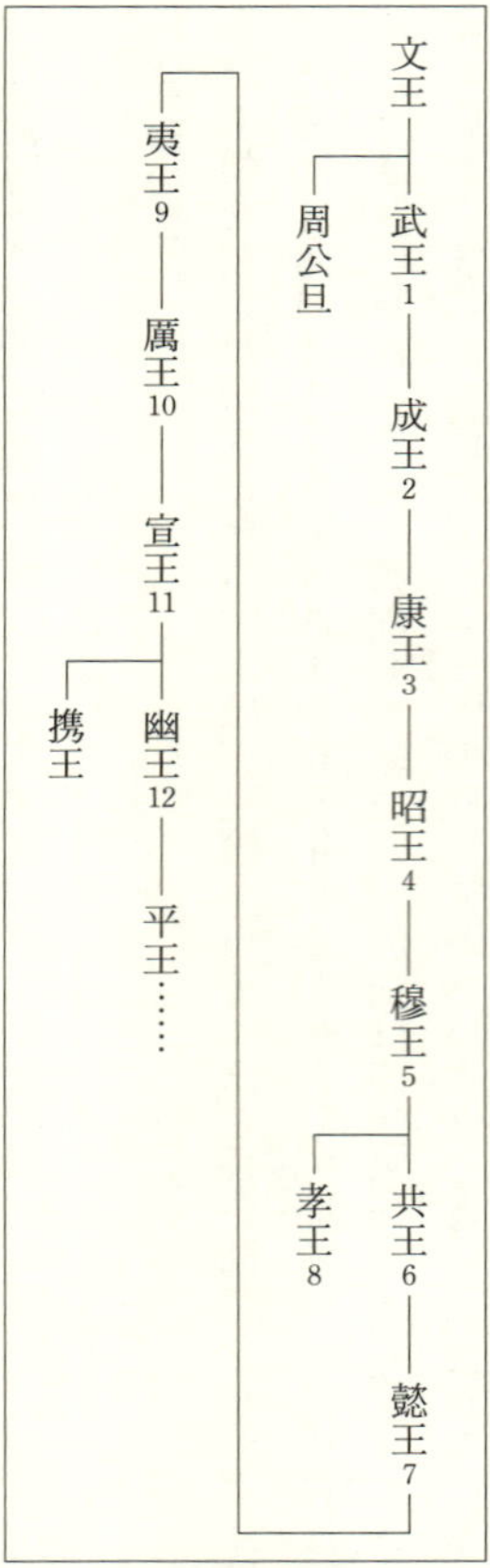

図1－5　西周期の周王室系図（数字は王位継承の順序）

若年ではあっても幼少ではなかった可能性が高い（以降の西周の王の系譜については、図1－5を参照）。

『史記』周本紀によると、武王は生前に弟の管叔《かんしゅく》と蔡叔《さいしゅく》に紂の子武庚禄父《ぶこうろくほ》を輔佐させ、もとの殷の地を治めさせていたが、管叔・蔡叔らは周公旦が成王の摂政となって国事に当たっているのを不満とし、武庚とともに反乱をおこし、周公によって鎮圧された。これがいわゆる「三監の乱」の顚末《てんまつ》であるとされてきた。この三監とは、もとの殷の地を監督する官で、管叔・蔡叔・武庚禄父の三人、あるいは管叔・蔡叔と別の弟霍叔《かくしゅく》の三人を指すと説明されてきた。

しかし近年公表された〈清華簡〉『繫年』の第三章では、「三監の乱」について異なる事情を伝える（図1－6）。

・周武王既克殷、乃設三監于殷。武王陟、商邑興反、殺三監而立彔子耿。成王纂伐商邑、殺彔子耿。

周の武王は殷に勝利し、そこで三監を殷に設けた。武王が没すると、商邑が立ち上がって反乱をおこし、三監を殺して彔《ろく》子《し》耿《こう》を擁立した。成王は武王を継いで商邑を征伐し、彔子耿を殺した。

これによると、反乱の主体となったのは商邑、すなわちもとの大邑商の人々であり、三監は反乱をおこす側ではなくおこされる側として、彼らによって殺害されている。更に周公ではなく成王自らがその征伐に当たったことになっている。この文からは管叔・蔡叔が反乱に

図1－6　〈清華簡〉『繫年』第一三簡（部分）

関わっていたのか、更には彼らが三監であったのかどうかもわからない。

商邑の人に擁立された彔子耿とは伝世文献の武庚禄父のことであるが、同様の人名が西周金文の〈77大保簋《たいほき》〉にも見える。

・王伐彔子聖。嗟、厥反、王降征命于大保。
　王が彔子聖《ろくしせい》を伐った。ああ、彼が叛《そむ》くと、王が征伐の命を大保《たいほ》に降した。

この彔子聖が武庚禄父、彔子耿にあたる。ここでは王（おそらく成王）が自ら彔子聖を伐ったとあり、『繫年』の記述と一致している。征伐の命を降された大保とは召公奭を指す。その官名でもって呼ばれているのである。彔子聖征伐の部将の一人だったのだろう。このほか、新出の〈25卿盤《けいばん》〉では「周公来伐商」（周公が到来して商を伐った）とあり、周公も商邑征伐に参加したことがわかる。召公奭と同様に一部将としての参加だったのだろう。

征伐の対象となった彔子聖は、また〈08王子聖觚《おうじせいこ》〉など自作の青銅器を残しており、それらの銘文では「王子聖」と称している。殷の王子ということである。

「三監の乱」の乱に関しては、従来は管叔・蔡叔と周公との王位争奪戦争であるというような解釈が行われてきたが、『繫年』や同時代の金文を見る限り、そのような様相は見出せない。反乱の主体となったのは商邑の人々や、彼らが擁立した彔子聖といった殷の遺民であり、「三監の乱」ではなく商邑の乱、あるいは彔子聖の乱と呼んだ方が適切である。

伝世文献で「三監の乱」に関係するとされてきたものとして、『尚書』金縢《きんとう》がある。この篇では武王の死後、管叔ら群弟が流言し、それを苦にした周公が東方へと去る。この篇の中の「周公居東二年、罪人得斯」（周公は東方に居ること二年にして、罪人を得た）という一文が古くから周公による「三監の乱」鎮圧と結びつけられてきたのだが、篇中には具体的な征伐の記述があるわけではなく、管叔・蔡叔が「三監の乱」に関わったという一文があるわけでもない。「周公は東方に居ること二年」とは、周公が単に東方に難を避けたことを示す文辞にすぎない。

周公と管叔・蔡叔らとの不和と、「三監の乱」とは元来別個の話であったのが、後代に金縢の解釈を通じてこの二つの話が結びつけられ、管叔・蔡叔が「三監の乱」に関与したと考えられるようになったのである。

戦後処理と東征を示す史料

彔子聖の乱の鎮圧によって、周はようやくかつての殷王朝の都邑を版図に収めることとなった。商邑の跡地には武王の弟の康叔封《こうしゅくほう》が諸侯として建てられた。〈85 濬司徒逘簋《びしとぎき》〉には

「王来伐商邑、誕命康侯鄙于衛」（王が到来して商邑を伐ち、ここに康侯に命じて衛《えい》の地で区画を定めさせた）とある。康侯とは康叔封のことで、彼は当初康侯に任じられ、その後で朝歌の地に衛の君として建てられた。『史記』衛康叔世家では、武庚の殷の遺民を康叔に与えて衛の君としたとある。〈清華簡〉『繫年』の第四章にも関連の記述があり、それによると、彼はまず康丘《こうきゅう》に諸侯として建てられて殷の遺民を治め、その後に淇衛《きえい》すなわち衛の地に移されたという。この康丘が康侯・康叔の号の由来となった。

『史記』周本紀によると、もとの商邑の管理とは別に、武庚禄父にかわる旧殷王室の後継者として、紂の庶兄とされる微子啓《びしけい》が建てられ、今の河南省商丘《しょうきゅう》市にあたる宋国を領土として与えられた。ただ、『史記』宋微子世家によれば、微子啓の後はその弟微仲《びちゅう》、ついで微仲の子宋公《そうこう》と継承されており、その号に注目すると、実際は微仲までは微の地を領土としており、三代目の宋公の時に微から宋へと移ったということになる。

中国の研究者王恩田《おうおんでん》は、河南省鹿邑《ろくゆう》県太清宮《たいせいきゅう》（宋国の都のあった商丘市の南に位置する）で発見された殷末周初の諸侯クラスの大墓である長子口《ちょうしこう》墓の被葬者が、微子啓あるいは微仲であるとする説を二〇〇二年に発表すると、日本の松丸道雄がこの説に賛同し、その被葬者が微子啓であるという補証を行った。当時日本の新聞でも大きく取り上げられたので、ご存知の方もおられるかもしれない（図1-7左参照）。

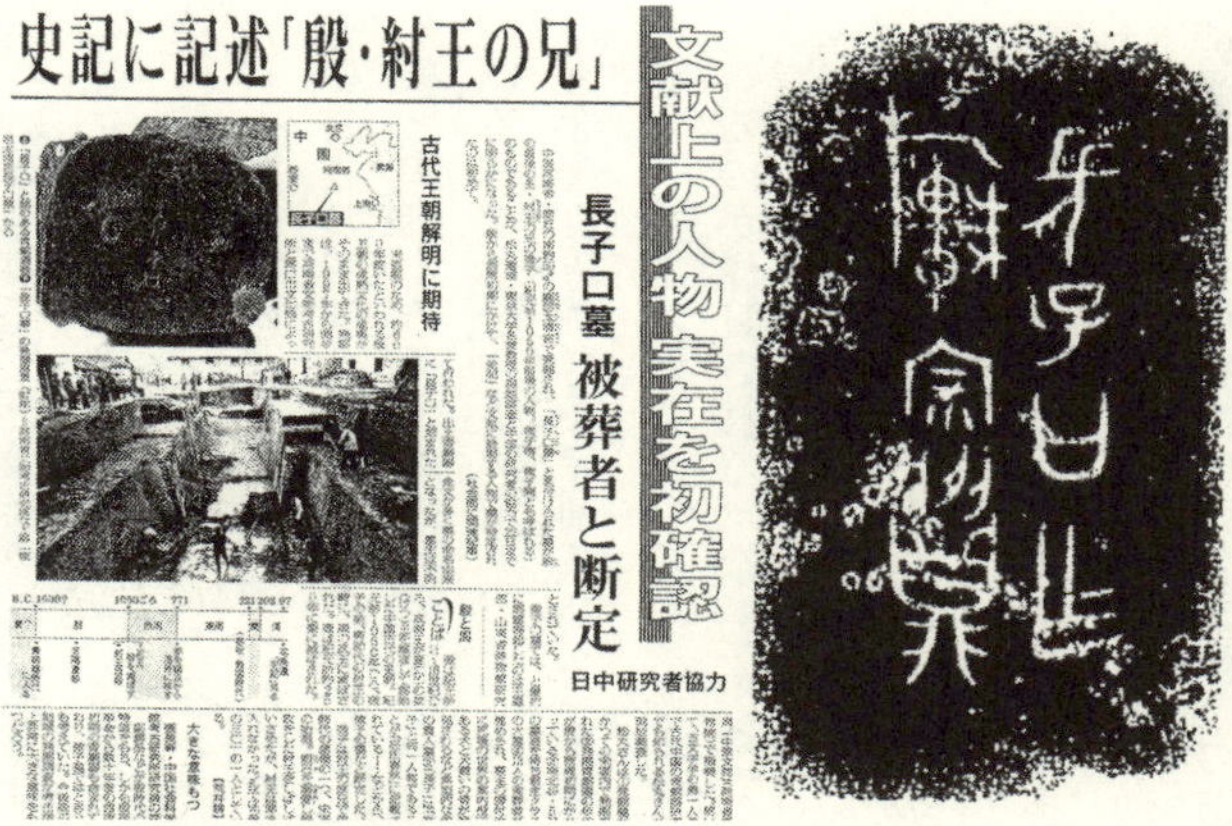

図１－７　長子口墓に関する新聞記事（『毎日新聞』2002年11月23日）（左）と、〈81長子口卣〉銘文（右）

これは墓の被葬者の名号「長子口」（〈81長子口卣《ちょうしこうゆう》〉など、この名号を刻した青銅器が多数発見された。図１－７右参照）の長字が実は微字である、あるいは古文字の字形の類似から後代に微字と混同された、名の口が啓字の省略体であるといったことを根拠としているが、古文字においても長字と微字の字形には明らかな区別があったという反論もある。安易に微子啓説に賛同するわけにはいかない。

彔子聖の乱の後、成王や周公による東征が行われており、山東《さんとう》省曲阜《きょくふ》市附近にあったとされる奄《えん》国（あるいは商奄・商蓋《しょうがい》とも呼ばれる）や東夷《とうい》が征伐されている。伝世文献や『繫年』では「三監の乱」と連動したものとされるが、金文からは相互のつながりは明確ではない。

特に奄国の征伐を践奄《せんえん》の役《えき》と呼ぶが、金文では〈21禽簋《きんき》〉がこれに関するものである。この銘には「王伐蓋侯、周公謀、禽祝」（王が蓋侯《がいこう》を伐つに、周公が計画を練り、禽が戦勝の祈禱《きとう》をした）とあり、この銘では周公とその長子の伯禽が蓋侯（奄侯。蓋と奄は音が近かったとされる）の征伐にそれぞれ貢献したとされている。伯禽は曲阜の地に魯侯として派遣されるが、その封建の時期は践奄の役の後と考えられている。

魯と隣接する斉の封建も東征と関連するもので、やはりその終了後に行われたと考えられている。二〇〇八年から二〇一〇年にかけて、山東省高青県陳荘村《こうせいけんちんそうそん》で西周斉国の貴族の墓群などを含む遺跡群が発掘され、一八号墓からは「祖甲斉公《そこうせいこう》」の号を刻した〈88豊觥《ほうこう》〉などの青銅器が発見された。これはおそらく初代の斉侯の号であるが、殷代以来の十干諡号を用いているのが注目される。『史記』斉太公世家によると、斉の国君は二代目の丁公《ていこう》から三代目乙公《いっこう》・四代目癸公《きこう》まで十干諡号を用いていた（図5－3の系図を参照）。この「祖甲斉公」が伝世文献上の太公望を指しているのかもしれない。

成周の造営

成王の時代にはこのような軍事行動のほかに、周王朝の新しい拠点として、現在の河南省洛陽市一帯の地域で成周《せいしゅう》（洛邑）の造営が行われた。『尚書』召誥《しょうこう》には、まず召公が土地の

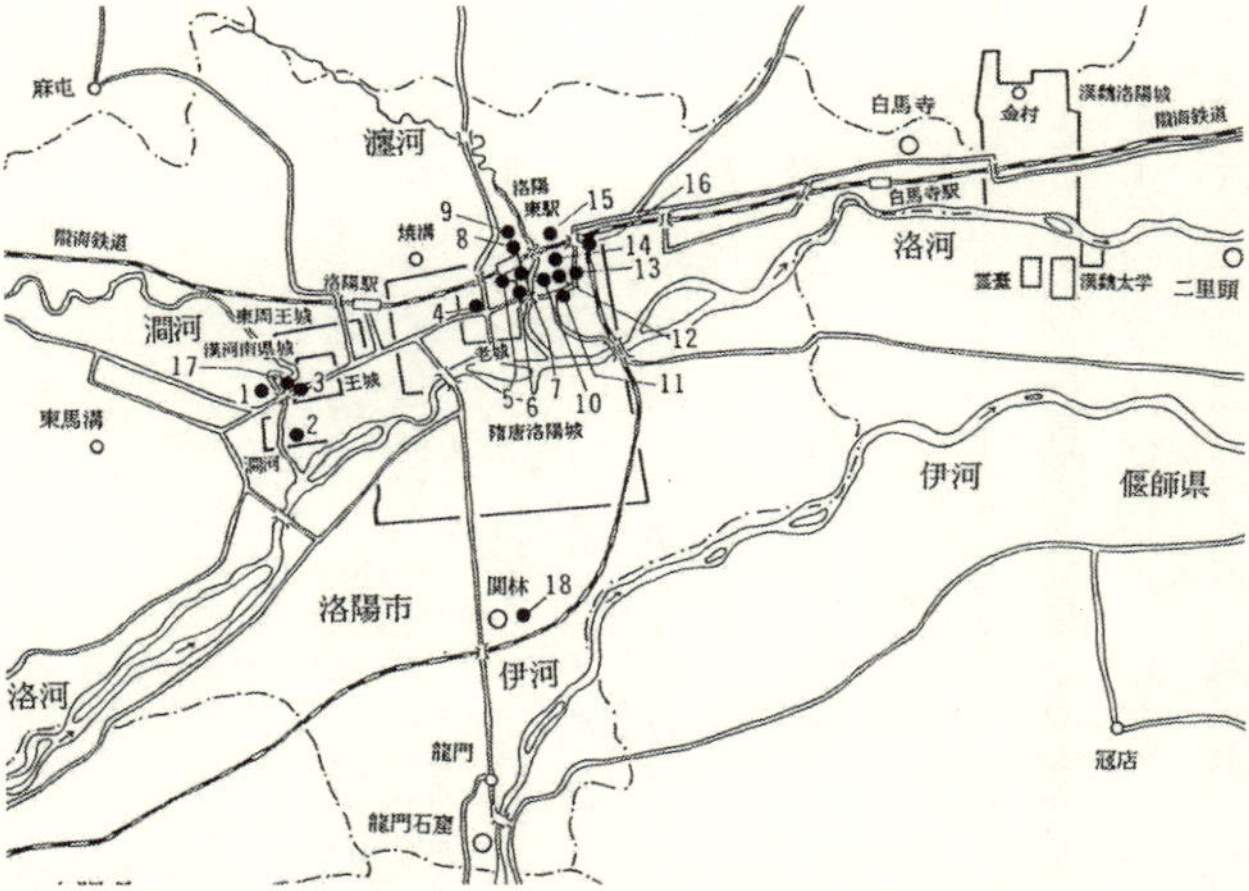

図1－8　洛陽遺跡分布図（図中の8と9の地点が北窯西周遺址にあたる）

検分と占卜によってその造営の地を定め、ついで周公が殷の遺民に命じて造営を開始させたことを記す。

この時に成周と王城《おうじょう》の二城がともに設けられたとされ、王城は漢代の河南県城に相当する場所に、成周は漢魏の時代の洛陽城に相当する場所にそれぞれ造営されたとか、王城が内城で、成周がそれを取り囲む外城にあたるといった議論がある（図1－8）。

しかし現在のところ金文や発掘の成果からは、西周期に成周と王城の別があったという明確な証拠は見出せない。発掘の成果によるならば、序章で言及した洛陽北窯西周遺址など西周期の遺跡が、今の洛陽東駅の東側を南北に流れる瀍河《てんが》の両岸に集中して分布しており、その一帯が西周期の成周の中心部であったのではないかと考えられている。金文では、第二代成王の時代の〈13何尊〉に関連の記述が見える。

・隹王初遷宅于成周、復稟珷王礼[illegible]自天。在四月丙戌、王誥宗小子于京室、曰、「昔在爾考公氏、克逨玟王、肆玟王受茲［大命］。隹珷王既克大邑商、則廷告于天、曰、『余其宅茲中国、自之辥民。』……」王咸誥。何賜貝卅朋、用作亙公宝尊彝。隹王五祀。

王が初めて成周に遷《うつ》り、武王の儀礼用の酒器を再び天室《てんしつ》より受け出した。四月丙戌《へいじゅつ》の日、王が京宮《けいきゅう》の大室《たいしつ》で同宗の子弟（である何《か》）に告げて言うには、「昔汝《なんじ》の父の公は、よく文王を輔佐したので、文王は天命を受けることができた。武王は大邑商に勝つと、謹んで天に『私はこの中国に居り、ここから民を治めよう』と告げた。」……王は発言を終えた。何は宝貝《たからがい》三十朋《ほう》を賜り、それによって祖先の亙公を祀る銅器を作った。王の五年のことである。

この銘では王が初めて、おそらく豊・鎬から成周へと移って儀礼を執り行い、同族の子弟の何という人物に言葉と賞賜品の宝貝を授けているが、銘文末尾には、このことが王（おそらく成王）の五年に行われたとする。

そして王の言葉によると、既に武王在世の時点で成周に拠点を移す意志があったことが窺われるが、成周一帯をここでは「中国」と表現している。これが中国という言葉の最古の用例である。ただしここでの中国とは中央の地域というぐらいの意味で、成周周辺のごく狭い範囲を指していると見られる。金文ではこれに対応するものとして、東国・南国といった語がある。それぞれ東方の地域、南方の地域を意味している。ただ実際のところ、成周は王朝の唯一の都というわけではなく、宗周《そうしゅう》の地などとともに、周王朝の拠点のひとつとして扱われた。

成周は新邑《しんゆう》とも呼ばれ、河南・山東方面といった東方経略の拠点となり、成周八師《せいしゅうはっし》と呼ばれる軍隊が配備された。これは別名殷八師《いんはっし》とも呼ばれ、殷の遺民がその中心となった。成周八師は西六師《にしのりくし》と呼ばれる軍隊と対になるものであり、西六師の方はおそらく宗周の地に配備された。

周王朝の都

ここで当時の周王朝の拠点となる都邑について確認しておこう。新たに造営された成周のほか、金文には周・宗周・蒡京《ほうけい》といった都邑が見える。

このうち洛陽市一帯に位置したとされる成周以外の三つの位置については議論がある。まず周については、宗周あるいは成周の略称とする説や、宗周・成周とは別地で周原を指すとする説がある。宗周は一般的に鎬京を指すとされるが、周原を指すとする説もあり、近年でも角道亮介（駒澤大学）が宗周は周原を指し、かつ周は宗周の略称とする説を支持している。葊京は文王が拠点とした豊とする説、鎬京とする説、鎬京の近隣に位置したとする説、周原にあったとする説などがある（葊京の位置については次章を参照）。

本書では宗周を鎬京、葊京を次章で述べるように鎬京の近隣の地、周を宗周・成周とは別地で周原と見ておくことにするが、各拠点の位置についてはそれぞれ異論があるということをご承知いただきたい。

顧命の謎

伝世文献では周公の摂政期間は七年に及び、その後は成王が親政したとされる。成王は幼少あるいは若年で即位したことで、一般に在位期間が長期にわたると想定されている。夏商周断代工程ではその在位年数を二十二年とする。

ところで『尚書』に顧命《こめい》という篇がある。これは死を前にした成王が召公や畢公ら重臣に息子の第三代康王を輔佐するよう後事を託したことと、成王没後の康王の即位儀礼を記したものである。この篇では周公は登場せず、斉侯も太公望から二代目の丁公呂伋《ていこうりょきゅう》に替わっている（図5－3の系図を参照）。成王没時には二人とも故人となっていた。一方、召公は長生きをしたようで、春秋期の金文〈55者減鐘《しゃげんしょう》〉でも、「若召公寿」（召公のような長寿〔が得られるように〕）という文辞が見られる。

なぜ武王から成王ではなく、成王から康王への継承を記す篇が作られることになったのだろうか。吉本道雅「西周紀年考」は成王の在位年数を九年としているが、若年で即位した成王が比較的短期間の在位で没し、再び幼少あるいは若年の君主の即位を迎えることになったという当時の王朝の危機感がこのような篇を作らせることになったのかもしれない。

後章で見るように、西周後半期の金文では康王の廟宮である康宮《こうきゅう》、あるいはその康宮の附属施設として位置づけられていた康昭宮《こうしょうきゅう》（第四代昭王の廟宮）や康穆宮《こうぼくきゅう》（第五代穆王の廟宮）での儀礼の記録が多く見える。

これについては、康宮の敷地内に昭王や穆王の廟宮が附設されたという説もあるが、筆者はそうではなく、もともと康宮とは別個に造営されていた昭王や穆王の廟宮が、西周後半期のある時点で康宮の統属下に組み込まれ、それぞれの廟宮の運営に必要なスタッフや資材が康宮から派遣・分配されるようになったのではないかと考えている。

ともかく康王の廟宮である康宮が尊重されていたことから、西周の当時から康王が特別視され、康王の即位が時代の画期と見なされていたことが読み取れる。この康王や昭王のもとで周王朝は最盛期を迎えることになる。

第2章

周王朝の最盛期

西周前半期Ⅱ

一　諸侯の封建

三事と四方

『史記』周本紀では、克殷の直後に武王によって主要な諸侯の封建が行われたという記述が見えるが、実際には前章で見たように、成王の時代に衛・宋・魯・斉といった諸侯の任命が行われていた。諸侯の封建は武王の時代に一気に行われたのではなく、各時期に必要に応じてその都度行われたのである。

その封建の実相を見ていく前に、〈95令方彝《れいほうい》〉（また同銘の器として令方尊がある）の記述から、当時の周王朝の統治構造について確認しておこう。

・隹八月、辰在甲申。王命周公子明保、尹三事四方、受卿事寮。丁亥、命矢告于周公宮。公命徣同卿事寮。隹十月月吉癸未、明公朝至于成周。徣命舍三事命、眔卿事寮眔諸尹眔里君眔百工眔諸侯侯・甸・男、舍四方命。既咸命。

八月甲申《こうしん》の日。王は周公の子明保《めいほ》に三事四方を統轄するように命じ、卿事寮《けいじりょう》の官員を授けた。丁亥《ていがい》の日、夨《そく》に命じて周公の廟宮に報告させた。明公《めいこう》は卿事寮の官員に命じて（成周に）同行させた。十月月吉癸未《げっきつきび》の日の朝に、明公は成周に至った。卿事寮・諸官長・里の長・工匠と、侯・甸《でん》・男の爵位を持つ諸侯たちに、三事の命と、四方の命とをそれぞれ発した。（明公は）命令を終えた。

この銘では、周公の子の明保が、周王朝の主要官庁である卿事寮の長に任じられたことを記す。卿事寮の長は卿事（伝世文献では卿士《けいし》と表記）と呼ばれ、ここでは後代の宰相に相当する職として扱われているようである。明保は任命を受けた後に公とか明公と称されているので、この時に同時に公爵の叙任も行われたのだろう。西周前半期の周王朝は周公・召公やこの明保のような、王室出身者など特定の重臣が、政務や軍務を指導する体制であったと考えられている。

明保は王から卿事寮の官員を授けられた後は明公と呼ばれているが、爵号としての公は王朝の宰相クラスの貴族に与えられる号であったとされる。

その明公は成周において、諸官や諸侯に三事と四方に関する命令を発している。三事とは元来は各地に置かれる司徒《しと》・司馬《しば》・司空《しくう》の三つの基本的な官を指すが、ここでは王朝の司徒・司馬・司空に代表される諸官が統轄する周王朝の直轄範囲、すなわち王畿内を指している。四方とは王畿の外側の東西南北の四方のことで、周王朝の外地を指している。王朝の内地である王畿内の地域を内服、外地を外服と呼ぶ。

王朝の直轄範囲については卿事寮のような周王直属の官が管理するが、外服については諸侯の管轄下となる。〈95令方彝〉銘文中の「侯・甸・男」は諸侯に与えられる爵位であるが、金文・伝世文献に見える爵位のほとんどは侯である。前章で取り上げた魯や斉の君も侯爵である。

ただし王畿内においても、実際に周王やその官が直接統治するのは周原・宗周・成周といった都邑やそれに準ずる邑のみで、その周辺の地域は采邑として周王に仕える貴族に与えられた。王朝は諸官を通じてそれら采邑を間接的に統治し、またしばしば采邑の主が王朝の高官となった。

このような王畿内の采邑の主を内諸侯とか内服の諸侯と呼び、これに対して外服の地に封建された諸侯を外諸侯、外服の諸侯などと呼び分けたりするが、〈95令方彝〉銘文にあるように、金文において「諸侯」とは外服の地に領土を持つ者のみを示す呼称であり、このような呼び分け方には問題がある。王畿内の采邑の主を示す称としては、次節で確認するように、金文に「邦君《ほうくん》」という呼び方があるので、本書ではいわゆる内諸侯・外諸侯を邦君・諸侯と呼び分けることにする。

更に〈95令方彝〉によると、この時期の周王朝は邦君の采邑を含めた「三事」のみならず、諸侯国の置かれた「四方」にも同様に命令を発することができた。王朝の宰相的な立場にある明公がこのような形で内服と外服の諸地域をともに統轄していたのである。

重臣の子弟の封建

各地の諸侯として建てられたのは、周公・召公といった王室・重臣の子弟である。周公家の場合は長男の伯禽《はくきん》が魯に封建される一方で、〈95令方彝〉に見える周公の別の息子、おそらく伯禽の弟である明公が王畿内に采邑を持つ邦君として大宗（宗家）にあたる周公家を継ぐことになったのだろう。

召公家からは燕侯《えんこう》が建てられた。北京市房山《ぼうざん》琉璃《りゅうり》河《が》西周燕国墓地から出土した〈34克《こく》罍《らい》〉（同銘の盉《か》も同時に発見されている）は、燕国封建の事情を伝える（図2-1）。

・王曰、「大保、隹乃盟乃鬯、享于乃辟。余大対乃享、命克侯于匽、使羌・馬・𠭯・雩・馭・微。」克□匽、入土眔厥有司。

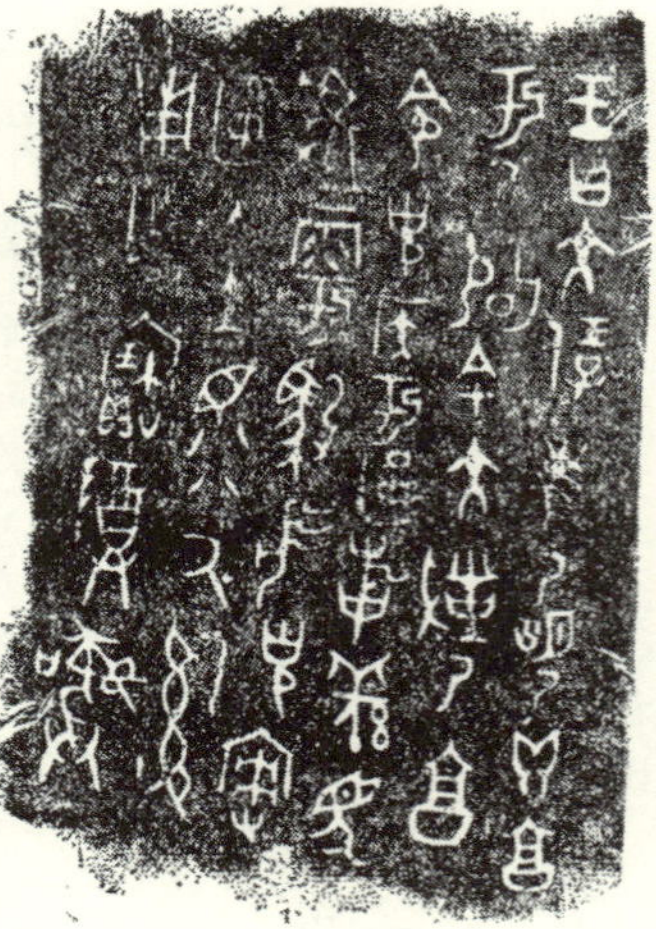

図２－１　〈34克罍〉銘文

王が言うには、「大保よ、（汝は）盟誓と鬯酒《ちょうしゅ》によって、汝の主君（である私）を饗応《きょうおう》した。私は汝の饗応にこたえ、克《こく》に命じて燕の侯とし、羌・馬・䖒《しょう》・雩《う》・馭《ぎょ》・微の諸族を仕えさせよう。」克は燕に□し、官吏とともに封土へと入った。

原文の「匽《えん》」とは燕国のことで、金文ではこのように表記される。銘文からは大保（召公奭）と克との関係ははっきりとはわからないが、息子の一人であろう。『史記』燕召公世家では、召公から第九代恵侯《けいこう》の間の燕侯の名号を伝えていない。一方で伝世文献と金文にともに名が見える召伯虎《しょうはくこ》などの存在から、召公家も王畿内の邦君として、燕侯の家とは別に存続したことがわかる（召伯虎は召虎・召穆公とも呼ばれる。彼の事績については第4章を参照）。

もうひとつ例を挙げる。二〇一一年に発掘が開始された湖北《こほく》省随州《ずいしゅう》市葉家山《ようかざん》西周曽国墓地で「曽侯犺作宝尊彝」（曽侯犺《そうこうこう》が祖先を祀るための青銅器を作った）の銘を持つ〈70曽侯犺《そうこうこう》簋《き》〉と、「犺作烈考南公宝尊彝」（犺が父の南公《なんこう》を祀るための青銅器を作った）の銘を持つ〈27犺簋《こうき》〉が発見された。この二つの銘文の内容をつなぎ合わせると、曽侯の犺は南公という人物の息子ということになるが、南公とはやはり金文に名号の見える周王朝の重臣で、南宮《なんきゅう》氏の主を指す。

また、同じく湖北省随州市の文峰塔《ぶんぽうとう》で春秋後半期の曽侯墓から〈72曽侯與鐘《そうこうよしょう》〉が発見されたが、この器銘の冒頭部も曽侯の祖先の情報を伝えている（図２－２）。

・隹王正月吉日甲午、曽侯與曰、「伯括上庸、左右文武撻殷之命、撫奠天下。王遣命南公、営宅汭土、君此淮夷、臨有江夏。」

　王の正月吉日甲午《こうご》の日、曽侯與が言うには、「伯括《はくかつ》は主君に登用され、文王・武王の殷征伐の天命遂行を輔佐し、天下を安撫《あんぶ》して平定させた。王は南公を派遣して、河流の入り組んだ土地に国を建てて居住させ、この淮夷《わいい》の地を治め、長江・夏水に臨む地を領有することとなった。」

この銘文の「伯括」とは、伝世文献に武王の臣下として見える南宮括《なんきゅうかつ》を指す。銘文中では南宮括あるいはその子孫を指す南公を派遣して国を建てさせたとあるが、実際に曽の地に

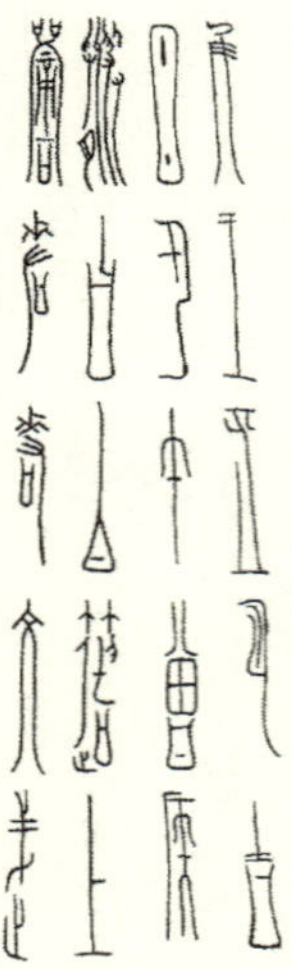

図2-2 〈72曽侯腆鐘〉第一鐘銘文（模本）

侯として建てられたのは南公の子弟の一人であろう。前章で引用した〈76大盂鼎〉の盂も、実は南公の子孫である。前章で引用していない部分で、その旨言及がある。

南宮氏も周公家・召公家と同様に大宗となる家が邦君としてその地位を継承し、更に別の子弟が諸侯として建てられたのである。この時期には、周王が都邑にあって王位を継承する一方で、その子弟を諸侯として建てたのと同様に、王朝の重臣が王畿内で邦君として自家を存続させ、かつまた子弟を外服の地で諸侯として建てるということがしばしば行われた。そして大宗にあたる周王や邦君が同族の諸侯と連携をとり、統御することで、王朝全体を運営していた。これが西周前半期の宗法制・封建制のあり方だったのである。

ただ、当時の重臣の中でその図式にあてはまらない存在がひとつある。斉の太公望である。太公望も王畿内に采邑を持っていたと想定し、実質的な初代斉侯はその子の丁公呂伋とする説もあるが、前章で触れたように〈88豊觥〉に見える「祖甲斉公」が仮に太公望を指すとしたら、その説は成り立たなくなる。

西周後半期の〈33敔簋蓋《ごきがい》〉に「王在康宮、格斉伯室」（王は康宮に所在し、斉伯の室に到来した）とあり、周原にあったと思われる康宮（第三代康王の廟宮）の中に斉伯（斉伯とは斉侯の太子であろう）の室が設けられていたこと、そして『礼記』檀弓《だんぐう》上に「大公封於営丘、比及五世、皆反葬於周」（太公望が営丘の地に封建されると、五代に及んで、〔斉侯は〕みな〔死後は〕周に〔遺体を〕返されて葬られた）とあるのを参照すると、斉は王畿内の采邑を継承する邦君としての家を別途設けることはせず、西周のある時期までは、斉侯あるいはその子弟が封地と王畿内を往来することで、邦君としての役割も果たしていたのかもしれない。

封建の実相

〈34克罍〉では燕侯封建の事情が簡単にまとめられていたが、第三代康王の時代の〈18宜侯《ぎこう》矢簋《そくき》〉では諸侯封建の様子が詳細に描かれている。これによって封建の手続きを確認しておきたい。

・隹四月、辰在丁未、王省珷王・成王伐商図、延省東国図。王涖于宜、入社南嚮。王命虞侯矢曰、「遷侯于宜。賜𨅙鬯一卣。賞鬲一□・彤弓一・彤矢百・旅弓十・旅矢千。賜土、厥川三百□、厥□百又廿、厥宅邑卅又五、厥□百又卌。賜在宜王人十又七姓。賜鄭七伯、厥盧□又五十夫。賜宜庶人六百又□六夫。」

四月丁未《ていび》の日、王は武王・成王が商を伐った際の版図を巡察し、引き続いて東方の版図を巡察した。王は宜の地に臨むと、その地の社に入って南側を向いた。王が虔侯夨《けんこうそく》に命じて言うには、「（虔より）遷って宜の地で侯となれ。𩰫地の鬱金《うこん》を醸造した酒一卣《いちゆう》を与える。酒礼器一□・丹塗りの弓一・丹塗りの矢百・黒塗りの弓十・黒塗りの矢千を与える。土地を与える。（その内訳は）川が三百□、□が百二十、集落が三十五、□が百四十である。宜の地の王の臣十七姓を与える。鄭《てい》の七伯と、その隷属民□五十夫を与える。宜の地の庶人六百□六夫を与える。」

この銘文の場合は、もともと虔侯（なお、この虔字の字釈には諸説あり、虞・虎とする説もある）であった人物が宜に封地が移されているわけであるから、正確には転封ということになるが、初封の場合もおそらくは同様の手続きがなされた。

銘文を見ると、現地の宜で任命の儀式が行われ、諸侯の地位の象徴となる酒礼に用いる用品や弓矢が与えられ、その後に土地の分与が行われている。この部分は欠字が多いが、宜の地の川筋や集落などの数を詳細に把握していることが読み取れる。この器は一九五四年に今の江蘇《こうそ》省鎮江《ちんこう》市丹徒《たんと》区の煙墩山《えんとんさん》で発見されたので、当時の宜の地もその近辺に位置したと思われるが、王畿から遠く離れた地域の様子も王朝によって詳細に把握されていたのである。

現地の人員の把握に関しても同様である。原文の「在宜王人」とは、周王の臣下として位置づけられている宜の地の土豪で、「宜庶人」が彼らに従う現地の庶民であるとされる。封建の際には土地とともに人員も分与された。殷周史研究で知られる伊藤道治《いとうみちはる》（一九二五～二〇一六年）は、このような事例から、王朝が各地の地図・土地台帳や戸籍簿を作成していたと想定している。

人員については、現地人とは別に「鄭の七伯」とその「盧《ろ》」（虜字に通じ、隷属民を指すとされる）も与えられている。畿内の鄭の地の土豪とその隷属民が別途分与されたのである。先に見た〈34克罍〉でも、燕への封建に際して「羌・馬・叡・雩・馭・微」の諸族が与えられていた。

封建の目的

伊藤道治によれば、特に王室出身の衛・魯・晋といった姫《き》姓諸侯の封建が、周王朝の勢力範囲の拡大にともなって、王畿内からの交通路を確保する意図で行われ、彼らは各地の交通上・軍事上の要衝に封建されたのであるという。

衛や魯、そして姫姓諸侯ではないが斉の封建は、前章で確認したように彔子聖の乱や践奄の役などの戦後処理の一環として行われたものであり、そのような意図があったと見られる。

曽の封建も、本章の第三節で確認するように、昭王の南征時に曽の地が拠点のひとつとなっているので、やはり軍事的な観点から拠点の確保のために行われたと見てよい。〈18宜侯夨簋〉の場合も、王の巡察時に行われたものであることから、周王朝の勢力拡大にともなう交通の拠点の確保の目的があったと見ることができる。

諸侯は与えられた拠点や交通路の確保とともに、王朝への貢納や戦時の軍役への参加などの各種の義務の遂行が期待された。〈34克罍〉の克とは別の燕侯の器である〈04燕侯《えんこう》旨《し》鼎《てい》〉には、「匽侯旨初見事于宗周、王賞旨貝廿朋」（燕侯旨が初めて宗周で朝見を行い、王は旨に宝貝二十朋を賞賜した）とある。原文の「見事」というのは、金文での同様の用語として「見服」があり、周王への朝見の儀礼を指すが、「初めて」とあるように、定期的な施行が期待されるものであり、朝見もやはり諸侯の義務のひとつだったのだろう。

諸侯の義務のうち、軍役の参加については、次章でその実例を確認することとしたい。

二　周王の主催する会同型儀礼とは

諸侯らを統合する手段

西周前半期の周王は、邦君や諸侯などの多様な臣下をどのように統合したのだろうか。

〈95令方彝〉に見えるような、卿事寮などの官僚機構を通じた統御もそのひとつであったが、別の手段が採られることもあった。彼らを周王が主催する儀礼や祭祀に参加させることであ る。ここに引く〈17義盉蓋《ぎかがい》〉に見える大射礼《だいしゃれい》もそのような目的で施行された儀礼のひとつである。

・隹十又一月既生覇甲申、王在魯。卿即邦君・諸侯・正・有司大射、義蔑歴。眔于王逨、義賜貝十朋。

十一月既生覇《きせいは》甲申の日、王は魯に所在した。義は邦君・諸侯・諸官の長・諸官吏を集めて大射の儀礼を行うのをよく補助したので、（王から）褒賞された。（また）王が（射を行うにあたって）助手となったので、（褒美として）宝貝十朋を与えられた。

大射礼とは、弓矢での的当て競技を儀礼化した射礼を、更に大がかりにしたものである。〈17義盉蓋〉の場合は、それが現在の曲阜の魯の地で行われ、かつ王の主催のもとで、邦君・諸侯やその他諸官といった多様な背景を持つ人々が参加した。作器者の義も大射礼の参加者の一人として、原文中の「邦君・諸侯・正・有司」のいずれかに属したはずである。なお、銘文冒頭の「既生覇」とは月相《げっそう》、すなわち月齢を示す語である。他に初吉《しょきつ》・既望《きぼう》・既死《きし》覇《は》や、本章冒頭に引いた〈95令方彝〉に見える月吉などの語がある。
このような王の主催と多種多様な人々の参加によって成り立つ儀礼を、筆者は人々が王のもとに一堂に会して行う儀礼という意味合いをこめて、「会同型儀礼《かいどうがたぎれい》」と呼んでいる。また、「会同型儀礼」には〈51士上卣《しじょうゆう》〉（また同銘の尊と盉もある）に見える周王主催の祭祀行為も含まれる。

・隹王大龠于宗周、延饔莽京年、在五月既望辛酉、王命士上眔史寅殷于成周、□百姓豚、眔賞卣・鬯・貝。

王が宗周で龠祭《やくさい》を行い、引き続いて莽京《ほうけい》で饔祭を行った年の、五月既望辛酉《しんゆう》の日、王は士上と史寅《しいん》に命じて成周で殷見《いんけん》の儀礼を執り行わせ、百姓《ひゃくせい》に豚を□し、卣・鬱金の酒・宝貝を賞賜させた。

この銘によると、同じ年の間に宗周・莽京・成周の三つの都邑で、それぞれ祭祀や儀礼が執り行われ、特に最後の成周では士上と史寅の差配により殷見（大規模な朝見の儀礼）が執り行われ、その参加者である百姓（農民の意ではなく、様々な姓を持つ貴族や官吏を指す）に、豚の肉や酒類・宝貝が引き出物として与えられた。

宗周での龠祭、葊京での饔祭も、おそらく同じように百姓と総称される人々が参加し、引き出物が振る舞われたはずである。その祭祀対象は周王の祖先であったと思われるが、周王の祭祀といっても周王一人が秘密裏に執り行ったわけではなく、現代の「お祭り」のように多くの人々を参加させて盛大に行われたのである。

西周前半期にはこのような「会同型儀礼」の施行によって、周王は、上は邦君・諸侯、下は一官吏に至るまで、様々な階層の人々と接し、宝貝などの物品の賞与によって関係を結ぶことができた。

王からの賜与品

「会同型儀礼」の参加者に対する賜与品は宝貝が目立つが（図2-3）、甲骨文・金文研究の大家貝塚茂樹《かいづかしげき》（一九〇四～八七年）は、宝貝の賜与を記した金文を西周前半期に特徴的なものとして、後半期の「官職車服策命形式金文《かんしょくしゃふくさくめいけいしききんぶん》」（本書ではもっと簡単に冊命金文《さくめいきんぶん》と呼称する。次章を参照）に対して「宝貝賜与形式金文《たからがいしよけいしききんぶん》」と位置づけている。

宝貝は〈17義盉蓋〉に見えるように「朋」という単位で数えられ、時にその数量でもって物品の価値を示す基準とされることがあり、それによって後代に中国における貨幣の起源と見なされるようになったのではないかと考えられている。

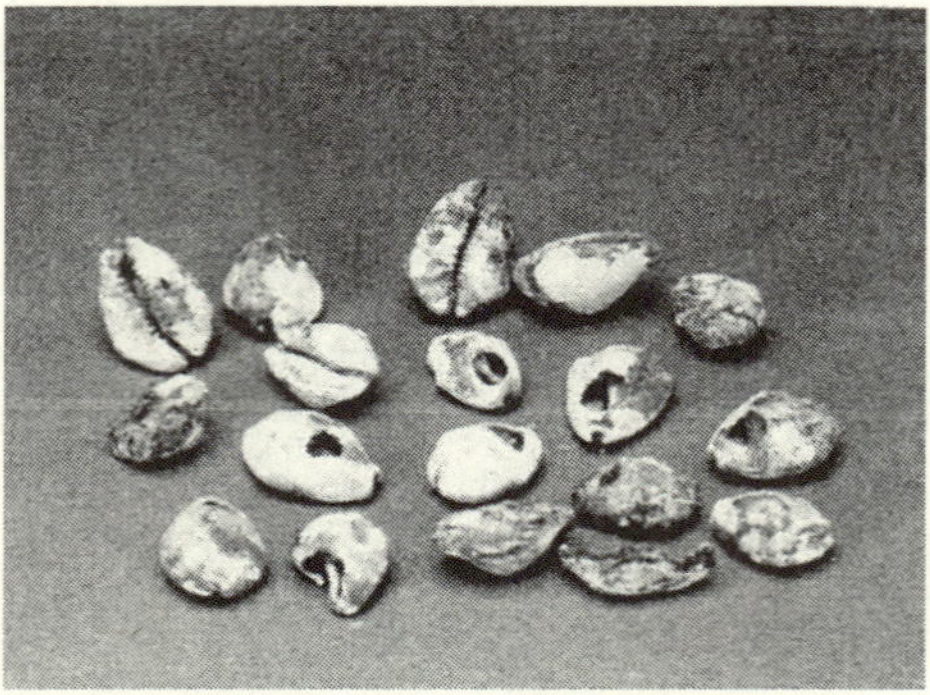
図２－３　西周期の墓地から発掘された宝貝

それとは別に、宝貝などの賜与品には、参加者と主君とのつながりを示すという機能もあった。

・王観于嘗、公東宮納饗于王。王賜公貝五十朋、公賜厥渉子效王休貝廿朋。

王が嘗《しょう》の地で遊覧し、公東宮《こうとうきゅう》が王に饗宴のための酒を納めた。王は公に宝貝五十朋を賜り、公はその世子の效《こう》に、王が賜った宝貝二十朋を賜った。

ここに引いた〈28效卣《こうゆう》〉（同銘の尊もある）では、王に随行した公東宮という人物が、饗宴の準備をしたということで褒美として宝貝を王より賜り、それを更に自分の子に分け与えている。これは財産の分与というよりも、王から賜った記念の品のお裾分けと見るべきだろう。王から賜ったということが付加価値になっているのである。

これらの品はどのような用途に供されたのかというと、賜与された臣下の家の祖先祭祀のお供え物となった。先に引用した〈95令方彝〉では、引用部分の後に明公から配下の亢師《こうし》と令に対して「鬯・金・牛」(鬱金の酒・銅・牛)が賜与され、明公が「用禘」(これらの品でもって禘の祭祀を執り行え)と発言している。臣下が主君より賜った物品で祖先を祀ることで、主君の恩寵と主君への忠誠を祖先の霊に報告することが期待されたのである。

これらの品は、たとえば宝貝は沿海の地域、銅もおそらくは南方の銅山より貢納によってもたらされたもので、牛は犠牲用に専用の牧場で育てられたもの、鬱金の酒も貢納された原料によって作られたものである。宗周・成周などの都邑は貢納品の集積所としての機能を有しており、「会同型儀礼」の参加者への賜与は、王朝が集積した財貨の再分配を意味していたとされる。

狩猟の儀礼、漁撈の儀礼

西周前半期から後半期のはじめにかけて「会同型儀礼」の中心となったのが、葊京《ほうけい》の辟雍《へきよう》である。辟雍は円環形、すなわち璧玉《へきぎょく》のような形をした池水で(辟雍の辟は璧の意味である)、真ん中の部分が円形の島となっている施設である。伝世文献・金文の双方にその名が見える。伝世文献では「辟廱」とも表記され、金文では〈84麦方尊《ばくほうそん》〉に「璧雝」という表記が見えるほか、以下に見るように、その池水が「辟池《へきち》」「大池《だいち》」などとも呼ばれている。

その辟雍での儀礼の様子を二つの金文で確認してみよう。

〈83伯唐父鼎《はくとうほてい》〉

・乙卯、王窨莽京。王桒辟舟、臨舟龍、咸桒。伯唐父告備、王格、乗辟舟、臨桒白旂、用射絼・犛虎・貉・白鹿・白狼于辟池、咸桒。［唐父］蔑歴、賜秬鬯一卣・貝廿朋。

乙卯《いつぼう》の日、王は莽京で窨祭を行った。（その後）王は辟池の舟に対して桒祭を行い、自ら龍舟（にも桒祭を行い）、桒祭を終えた。伯唐父が準備の整ったことを告げると、王が到来し、辟池の舟に乗り、（舟上の）白旗に自ら桒祭を行い、そうして辟池で牛・斑《まだら》模様の虎・貉《むじな》・白鹿・白狼を射て、桒祭を終えた。唐父は（王より）褒賞され、黒黍《くろきび》と鬱金を醸造した酒一卣及び宝貝二十朋を賜った。

〈01遹簋《いつき》〉

・隹六月既生覇、穆王在莽京、呼漁于大池。王饗酒、遹御亡譴。穆王親賜遹爵。

六月既生覇のある日、穆王は莽京に所在し、大池で漁をさせた。王は（漁の参加者と）饗宴を執り行うに、遹が侍御《じぎょ》して咎《とが》がなかった。穆王は自ら遹に爵を賜った。

〈83伯唐父鼎〉は、桒祭（桒字は祓や禱などと釈字され、解釈が定まっていない）の一環として行われた狩猟の儀礼を記録したものであり、王が舟上から池水の周辺で放し飼いにされている動物を射ている。伯唐父は王とともに狩猟に参加した人々のうちの一人であろう。〈01遹簋〉では池水で漁撈《ぎょろう》の儀礼が執り行われているが、こちらもほかに複数参加者がいたと見られる。こちらの銘文では第五代穆王の号が見え、穆王の時代のものであることがわかる。

これらの例から、葊京の辟雍は祭祀儀礼の場であると同時に、池水に魚が飼われ、その周辺に虎や狼といった猛獣を含む動物が放し飼いにされ、苑囿《えんゆう》（野外動植物園）としての性質も有していたことがわかる。

一方、伝世文献では辟雍はどのような施設とされているかというと、たとえば『礼記』王《おう》制《せい》では、辟雍は天子の大学《たいがく》（現在の大学とは異なり、天子の建てる学校の意）とされており、『大戴礼記《だたいらいき》』明堂《めいどう》では、辟雍は明堂（天子が政務や儀礼を執り行うための建物）の外水、すなわち外堀であるとされている。

西周後半期の〈68静簋《せいき》〉によれば、葊京に学宮《がくきゅう》という建物があり、この学宮の記憶が、辟雍が天子の学校であったという伝承に変化していったのだろう。いずれにせよ『礼記』王制など東周期以後に成立した礼に関する書では、辟雍が周王の祭祀儀礼の場であるという記憶は受け継いだが、苑囿であったという記憶は受け継がなかったようである。

『詩経』大雅・文王有声《ぶんおうゆうせい》では「鎬京辟廱」という句があり、辟雍が鎬京にあったとされる。これをふまえて金文で辟雍の所在する葊京が鎬京であるとする説も存在する。しかし金文及び周原甲骨文では、鎬京の鎬を指す蒿《こう》あるいは葊《こう》という地名が存在し、葊京は鎬京とは別地となる。

かつ、この蒿・葊は京を付けて呼ばれることはなく、西周金文で「×京」の形で呼称される地名は葊京のみである。「京」とは『詩経』と金文の用例を参照すると、周の王室、あるいは王朝成立以前の周の拠点である豳《ひん》や周原を指す字として用いられている。それらの意味から転じて、葊京の京の場合は周王室の祭祀の中心地を指し、葊の地に造営された祭祀の中心地であるから葊京と称されているのだろう。西周後半期の金文には、この地を京字が付かない単なる葊と称しているものも存在する。

どうやら西周の葊京に関する記憶が後世に誤って伝えられ、鎬京という呼称と、またその鎬京に辟雍があったという伝承が生まれたようである。『詩経』小雅・六月《ろくがつ》には「侵鎬及方、至于涇陽」（玁狁《けんいん》が）鎬と方《ほう》を侵略し、涇陽《けいよう》に至った）とあり、鎬（鎬京）の近隣に方という土地が存在したことがわかるが、その方が実は葊京に相当する土地であり、両地が近隣に位置したことにより、後世に葊京と鎬京の取り違えがおこったのではないだろうか。

受け継がれた殷の制度

本節ではここまで、本書「はしがき」で言及した「国の大事」のうち、「祀」の部分について見てきた。実のところ、これら「会同型儀礼」は周が殷王朝の祭祀儀礼を継承し、発展させたものである。

たとえば射礼については、甲骨文により殷代には既に施行されていたことがわかっている。祭祀についても、〈51士上卣〉に見える龠祭、〈83伯唐父鼎〉に見える𠦪祭など、西周金文に見える祭祀の多くが殷代の甲骨文にも見え、また周原甲骨文・周公廟甲骨文に見える祭祀も殷代甲骨文の祭祀と一致するものがある。多くの研究者が指摘するように、周の祭祀は明らかに殷王朝より継承されたものである。

辟雍についても、河南省の偃《えん》師《し》商城《しょうじょう》・鄭州《ていしゅう》商城《しょうじょう》の殷代宮殿区跡より、それぞれ人工の池水の跡が発見されている。特に偃師商城の池水跡は、祭祀場跡と隣接する形で設けられ、祭祀行為と関連する施設と見られる（図2－4）。そして漁網を沈めるための重しが発見されていることから、魚が飼育され、〈01遹簋〉の「漁」と同様に殷王が漁網で漁を行ったのではないかと推測されている。ただ、池水の形は偃師商城のものも鄭州商城のものも円形ではなく長方形である。しかし殷王の池水と池水での行為が、周の辟雍に何がしかの影響を及ぼした可能性はあるだろう。

そして先の〈04燕侯旨鼎〉や〈17義盉蓋〉などに見える、賜与品として宝貝を用いるという文化も殷から継承したものである。殷代の金文には貝塚茂樹が言うところの宝貝賜与形式

図2－4　偃師商城　宮殿区池水跡

金文が多く見られる。

そもそもこのような祭祀儀礼が銘文として刻まれている青銅礼器を作るという文化自体が、殷から継承されたものであった。周の青銅器も、西周前半期の間は殷代から引き続いて爵《しゃく》や卣《ゆう》といった酒器がさかんに作られ、紋様も獣面紋《じゅうめんもん》（いわゆる饕餮紋《とうてつもん》。図3－2上段を参照）が多く用いられるなど、殷代の傾向がそのまま引き継がれている。特に殷代末期と西周の初めの青銅礼器は造型がほとんど同じで判別が困難であり、周王朝が殷王朝の青銅礼器の工人や生産体制を継承したと考えられている。

中国古文字学・古代史学の碩学《せきがく》、王国維《おうこくい》（一八七七～一九二七年）は「殷周制度論」において、殷と周の間で諸制度の大変革があり、周の制度は周公によって定められたとしているが、実際には、周王朝は殷王朝の礼制を踏襲し、その基礎のもとに発展させていったのである。次章で述べるように、礼制に変革がおこるのは西周後半期に入ってからである。

周人も「十干諡号」を使用したか

同様に殷の制度とされてきたものに十干諡号がある。殷王の号の武丁や帝辛のように、甲乙丙丁などの十干で祖先を呼称する風習である。従来の研究では、周の人は十干で祖先を呼ぶことはなく、西周金文において十干諡号を用いているのは殷系の人々であると認識されてきた。

しかし近年河南省平頂山《へいちょうざん》市応国《おうこく》墓地八号墓で出土した〈05応公鼎《おうこうてい》〉の銘文には、応公の祖先の号として「珷帝日丁《ぶていじってい》」とある（図２－５）。応国の君は、『春秋左氏伝』僖公《きこう》二十四年の記述によると「武の穆」すなわち武王の子孫とされており、これを信じるならば、「珷帝日丁」とは武王を指し、武王が殷王と同様の十干諡号を有していたことになる。

図２－５　〈05応公鼎〉銘文

前章で見たように、周王は殷王室を支える一員としてのアイデンティティも持っていたと見られるので、十干諡号を有していたとしてもおかしくはない。更に言えば、十干諡号は殷人固有の制度として民族性と結びつけるべきではなく、殷代に広く行われ、周代に入って次第に廃れていった制度として時代性と結びつけるべきなのではないだろうか。

姜姓とされる斉侯が、「祖甲斉公」や丁公など十干諡号を用いていたことは前章で見た通りである。その他、やはり前章で引用した〈13何尊《かそん》〉の作器者である何は、同銘文中では「宗小子」（周王と同宗の子弟）とされているが、同じ人物による青銅器銘と見られる新出の〈09何簋《かき》〉では、その祖先を「祖乙」「祖辛」と、十干諡号でもって称している。曽侯についは、随州市文峰塔東周曽国墓地から出土した、先に見たものとは別のセットとなる〈73曽《そう》侯腆鐘《こうよしょう》〉に曽侯腆の言葉として、「余稷之玄孫」（私は后稷の玄孫である）とあり、周王と同族であるとしているが、一方で随州市葉家山西周曽国墓地からは「曽侯作父乙宝尊彝」（曽侯が父乙《ふいつ》を祀るための青銅器を作った）という銘文を有する〈71曽侯作父乙方鼎《そうこうさくふいつほうてい》〉が出土しており、やはり周王室に連なる人々が十干諡号を使用していたことを示す証拠となる。

三　南征に斃れた昭王

戦う王朝

「国の大事」のうちのもう片方、この時期の「戎」の様子も確認しておこう。

『史記』周本紀では「成康之際、天下安寧、刑錯四十余年不用」（成王と康王の時代は、天下安寧で、刑罰は四十余年間用いられなかった）とし、成王・康王の時代が平和な安定期であったとするが、実際は彔子聖の乱や東征の後にも外征が行われていた。

第三代康王期の〈61小盂鼎〉（〈76大盂鼎〉と同一人物による作器である）は、周王朝と外部勢力の鬼方《きほう》の征伐の後の、周王やその祖神に対する戦果報告の儀礼を記録したものである。その報告された戦果を見ると、敵の指導者三人と敵兵一万三千八十一人を捕虜としたうえ、敵兵の首四千八百二を獲得し、戦車三十両・馬（数量不明）・牛三百五十五頭・羊三十八頭を鹵獲《ろかく》するなど、莫大な数にのぼり、その戦闘の規模が大きかったことが窺われる。

また、鹵獲品の中に戦車が含まれていることから、鬼方が周王朝と同じく戦闘の手段として戦車を用いる勢力であったことがわかる。

これらの例から、竹内康浩『中国王朝の起源を探る』は、西周期とはこうした外部勢力との戦争が絶え間なく続いた時代であるとし、周王朝を「戦う王朝」として位置づけている。

昭王の南征

『史記』周本紀では康王の次の第四代昭王について、南方に巡狩に出たまま戻らず、長江の上で没したとする。巡狩とは、本来は君主による視察の意味だが、ここでは遠征を指す。

これに関して、西晋の時代の文献『帝王世紀《ていおうせいき》』では、昭王が南征して長江の支流である漢《かん》水《すい》という川を渡ろうした時に、王を憎む船頭が膠《にかわ》でできた船に乗せ、川の中流に至った時に膠が溶け出して王が溺《おぼ》れ死に、腕が長く力持ちの臣下が水中よりその遺体を得たという説話を伝える。

古本『竹書紀年』では、「周昭王十六年、伐楚荊、渉漢、遇大兕」(周の昭王十六年に、楚《そ》荊《けい》を伐ち、漢水を渡り、大きな兕《じ》〔不詳。犀《さい》あるいは水牛を指すとする説もある〕と出会った)とし、その征伐の対象を楚(荊は楚の別名)であるとする。ただ、それが諸侯国の楚のみを指すのか、あるいは楚国を含む地方全体を指しているのかはわからない。

また昭王十九年のこととして、「天大曀、雉兔皆震、喪六師於漢」(天が大いに曇り、雉《きじ》や兎《うさぎ》がみな震え、〔周は〕六師を漢水に失った)とあり、天体あるいは気候の異変により、周の西六師が漢水で全滅したとする。この一文については、中国の研究者尹弘兵《いんこうへい》により、漢水の上流で季節性の暴風雨がおこったことにより、昭王率いる周軍が駐屯していた漢水の下流に大量の河水が流れ込んで大洪水がおこり、周軍を飲み込んだことを示しているという解釈も提示されている。

この時期の金文でも、王が自ら南征を行ったことを示すものが多く存在する。たとえば新出の〈24京師《けいし》畯尊《しゅんそん》〉には、「王渉漢伐楚。王有□功。京師畯克斤、王釐貝」(王は漢水を渡って楚を伐った。王に□の地での戦功があった。京師畯が斤《きん》の地で勝利したことにより、王は宝貝を賜った）とあり、討伐の対象となった楚の国名のほか漢水の名が見える。

南征の目的は、〈14過伯簋《かはくき》〉に「過伯従王伐反荊、俘金」（過伯は王に従って荊を伐ち破り、銅を取得した）とあるように、この地域で産出される銅資源の獲得（原文には「金」とあるが、この時代の金とは銅を指す）、あるいはこの地の銅資源を王畿内へと運搬する交通路の確保であったとされている。

これらの銘文からはどの王の時代のことかまでは特定できないが、最近公表された〈29胡《こ》応姫鼎《おうきてい》〉には、冒頭に「唯釁王伐楚荊」（釁王が楚を伐った）とあり、釁王とは昭王を指すとされる。仮にこの釈読が正しいとすれば、昭王が南征を行ったことが同時代史料によって証明されたことになる。また、第六代共王の時代に作られ、自家の祖先と歴代周王の事績についてまとめた〈50史墻盤《ししょうばん》〉では、「弘魯昭王広能楚荊、隹煥南行」（大いにして勇壮なる昭王は広く楚荊を安撫し、大いに南行した）と記し、楚荊への遠征を昭王の事績と位置づけている。

南征の拠点

南征に関係する金文には、〈42作冊睘卣《さくさつかんゆう》〉に「隹十又九年、王在庐」（十九年、王は庐《かん》に所在した）とあるように、王（おそらく昭王）がその十九年に南征の途上で庐の地を拠点にし

図2－6　安居羊子山鄂国墓地出土卣

ていたことを記すものがいくつか存在するが、庁の地の所在ははっきりとはわからない。

その所在が明確な南征の拠点としては、曽と鄂《がく》がある。〈79中甗《ちゅうげん》〉には、臣下の中が王命により南方を視察した際に、王の行《あん》宮《ぐう》を曽の地に設けたと記し、またその後文では周側の拠点のひとつとして「鄂師次」（鄂地の軍隊の駐屯地）が見える。そして〈69静方鼎《せいほうてい》〉には、同じく南方の視察より戻った臣下の静が、王より「司在曽・鄂師」（曽と鄂の軍を管轄せよ）と命じられている。

このうち曽は、本章の第一節で言及した曽国と同地で、西周期の曽侯の墓地が発見された今の湖北省随州市葉家山の附近に王の行宮や軍の駐屯地が設置されたと見てよい。一方の鄂も、同じく湖北省随州市の安居羊子山《あんきょようしざん》で西周前半期の鄂侯の墓地が発見されており、やはりこの附近に「鄂師」が置かれたと見られる。特に静方鼎では曽と鄂の軍隊がセットで扱われているが、考古学的にも西周前半期にはこの二つの地が互いに近隣に位置していたことが証明されたわけである。なお、安居羊子山の鄂国墓地からは神面紋《しんめんもん》と呼ばれる目鼻立ちがはっきりした特徴的な紋様を持つ青銅器が出土したことで話題となった（図2-6）。

この「曽・鄂師」は、それぞれ曽侯と鄂侯の軍隊ではなく、諸侯国の軍隊とは別に周王朝が設置した軍及びその駐屯地であると見られる。西周史研究の谷秀樹によると、周王朝はこのような軍事・交通上の要衝に、諸侯の軍事活動を補助するために別途軍隊を置いたのではないかとされる。

攻勢から守勢へ

同時代の金文では、昭王が南征の最中に死亡したことを記すものがなく、史実と見るべきかどうかわからない。ただ、高島敏夫（立命館大学）は外征について記録した金文を仔細に見ると、昭王期のものと、次の第五代穆王期以降のものとで違いが見出せるという。

〈20競卣《きょうゆう》〉

・隹伯屖父以成師即東、命戍南夷。

伯屖父《はくいほ》が成地の軍を率いて東方に任務に就き、南夷《なんい》（の侵略）より防衛するよう命じられた。

〈98彔刻卣《ろくしゅうゆう》〉

・王命𢦏曰、「𠭯、淮夷敢伐内国。汝其以成周師氏戍于古師。」伯雍父蔑彔歴、賜貝十朋。
王が𢦏に命じて言うには、「ああ、淮夷が王畿内に侵入してしまった。汝は成周の師氏《しし》（官名）を率いて古《こ》の駐屯地を防衛せよ。」（上官の）伯雍父《はくようほ》は彔の軍功を称《たた》え、宝貝十朋を賜った。

ここで挙げた二つの銘文は、いずれも穆王期、あるいはそれ以後のものであるが、これらに代表されるこの時期の銘文には、防衛を意味する「戍《じゅ》」の文字が見えるものがめだつ。周の方からその領域の外側へと打って出た昭王期とは違い、南夷や淮夷といった外部勢力の侵入に対して、周の領域を防衛することが軍事の主目的となったというのである。

周の領域については、この時期に青銅礼器の出土範囲が渭河流域、すなわち王畿の範囲内にほぼ限られるようになり、周の統治領域あるいは影響力の及ぶ範囲の拡大が止まり、縮小の動きに入ったことが確認される。

昭王が遠征中に死亡したかどうかまではわからないが、南征がおそらくは失敗に終わったこと、そして南征の失敗が画期となり、周王朝が守勢期に入ったことが窺われる。

そして昭王の南征、あるいは第二代成王の時代の彔子聖の乱征伐では、王が自ら出征していたが、穆王期以後は、はるか後の第十代厲王期に至るまでこのような王の親征が見られなくなり、〈20競卣〉などに見えるような伯屖父・伯雍父・彔といった、後代の将軍に相当するような臣下が登場するようになる。

高島敏夫は、このことと、更に本章の第二節で取り上げた莽京辟雍での祭祀儀礼が穆王期にさかんに行われていることをふまえ（〈01遹簋〉に穆王の号が見えることを想起されたい）、穆王はそれまで周王が有していた軍事王としての性質を放棄し、莽京辟雍での祭祀儀礼をさかんに催すことで祭祀王としての性格を強め、宗教的な権威の強化によって統治体制の立て直しをはかったとする。

青銅器の紋様に関して、この穆王期の前後に鳳鳥紋《ほうちょうもん》と呼ばれる紋様（各章の扉を参照）が流行するが、これも軍事王から祭祀王への転換と関係した現象であるのかもしれない。

言い換えれば、穆王は「国の大事」のうちの「戎」の失敗を、「祀」によって補おうとしたということになるが、「戎」の部分でのつまずきは従来の「会同型儀礼」に属する莽京辟雍での祭祀儀礼の施行によって乗り切れるものではなかった。周王朝の「祀」は更なる変革を迫られることになる。

第３章

変わる礼制と政治体制

西周後半期Ⅰ

一　礼制改革

「西周後期礼制改革」

西周後半期には墓地などから出土する青銅礼器について、それまで主流であった酒器（爵《しゃく》・卣《ゆう》・尊《そん》など）が消失し、かわって食器類（鼎《かなえ》・簋《き》など）や、楽器の編鐘が主要な器種となったこと、貴族の身分等級に応じて決められた数量の同種類の礼器を埋納する列器制度（図3－1参照。あるいは列鼎制度・用鼎制度などとも呼ばれる）が出現すること、そして青銅礼器の紋様も獣面紋（饕餮紋《とうてつもん》）などの動物をモチーフとしたものにかわり、それらを抽象化した幾何学的な紋様（窃曲紋《せっきょくもん》など）が主流となっていくことといった変化がおこったと、多くの研究者によって指摘されている（図3－2）。

礼器から殷代以来の伝統が薄れていき、「周らしさ」が強く見出せるようになるのである。これは、この時期には殷王室を支える一員という周のアイデンティティ、あるいは殷文化の継承者としての意識がすっかり消滅してしまったことを示している。

アメリカの考古学者ファルケンハウゼンは、このような変化は周王朝が新しい礼制を導入したことによっておこったとし、これを「西周後期礼制改革」と位置づけている。この「後期」とは前期・中期・後期の三期区分によるものである。ファルケンハウゼンは、「礼制改革」は前十世紀中葉の第五代穆王の頃より始まり、前八五〇年頃の第十代厲王の時代に完成

図３－１　列器の例（陝西省眉県楊家村窖蔵出土単叔鬲）

図３－２　西周青銅礼器紋様の例（上段：獣面紋、下段：窃曲紋）

図３－３　窖蔵の例（陝西省眉県楊家村窖蔵）

したとする。

また、西周後半期には周原や当時の豊鎬にあたる地域で、礼器の窖蔵《こうぞう》、すなわち礼器を埋納した穴蔵が出現するようになる。前章で触れた〈50史墻盤〉や、二〇〇三年に発見された、〈50史墻盤〉と同様に周王と自家の祖先の系譜や事績をまとめた〈92逨盤《らいばん》〉なども、窖蔵から出土したものである（図３－３。写真は〈92逨盤〉や図３－１の器が出土した窖蔵）。

従来この窖蔵は、次章で触れる厲王の出奔や周の東遷といった王朝の混乱にともなって、貴族が自らの領地から避難せざるを得なくなった時に、一時的な措置として運搬に不便な礼器を埋納し、他日領地に戻って来た際に掘り出して再び祭祀に用いるつもりであったものであると説明されてきた。

しかし近年、窖蔵に関してこのような説明に疑問が持たれるようになってきた。角道亮介は、しばしば窖蔵の近辺に宗廟の跡と思われる建築遺構が見られることを根拠として、窖蔵は宗廟に併設された礼器の保管庫であり、宗廟で祭祀が執り行われる際に窖蔵から礼器が運び出され、祭祀が終わると再び窖蔵に埋納するという具合に使用されたのであるとする。

そして窖蔵の出現とともに周原などの地域に墓地に副葬される礼器が見られなくなることから、西周後半期に周王朝によって、礼器を父祖の墓地に副葬品として埋めずに宗廟で繰り返し使用するようにという規制が行われたのではないかと想定し、これもやはり「礼制改革」に関わる動きであるとしている。

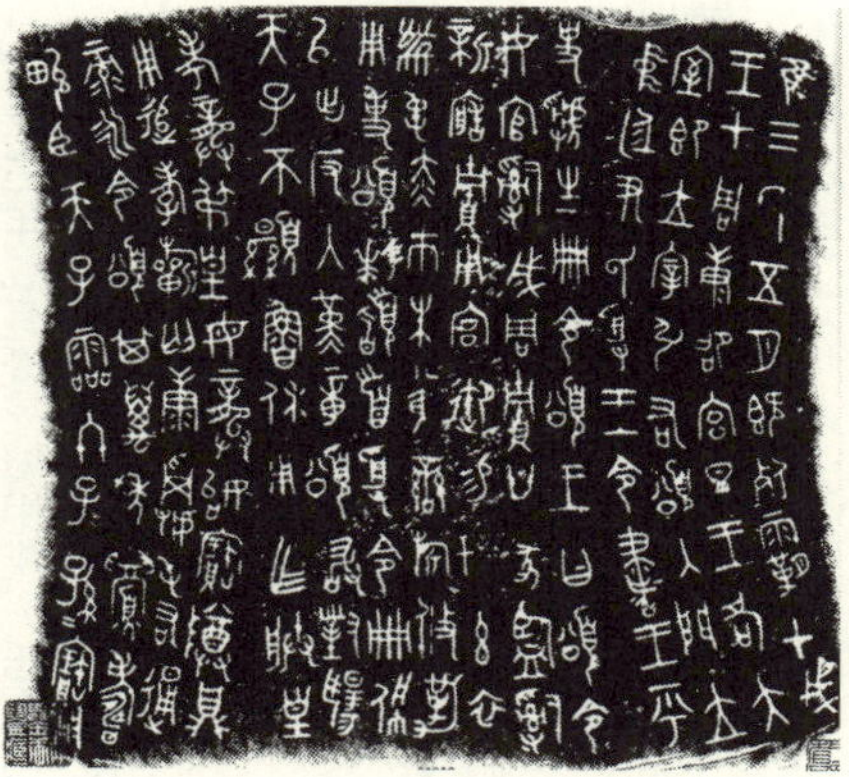
図３－４　〈62頌鼎〉銘文

王が臣下に職務を任命する「冊命儀礼」

以上は考古学の観点から見出せる変化であるが、それでは青銅器の銘文からはどのような変化が見出せるだろうか。金文に見える儀礼については、西周後半期には「会同型儀礼」の記録が次第に見られなくなり、一定の形式で周王が臣下に官職や職務を任じる冊命儀礼《さくめいぎれい》の記録が増加していく。

その冊命儀礼の形式を、〈62頌鼎《しょうてい》〉（他に同銘の簋や壺が存在する）を例に確認しておこう（図３－４）。

・隹三年五月既死覇甲戌、王在周康昭宮。旦、王格大室、即位。宰引右頌、入門、立中廷。尹氏授王命書、王呼史虢生冊命頌。王曰、「頌、命汝官司成周賈廿家、監司新造賈、用宮御。賜汝玄衣黹純・赤市・朱衡・鑾旂・攸勒、用事。」頌拝稽首、受命冊、佩以出、返納瑾璋。

三年五月既死覇《きしは》甲戌《こうじゅつ》の日、王は周の康昭宮に所在した。早朝に、王は大室に至り、所定の位置に即《つ》いた。宰引《さいいん》が頌《しょう》を介添えし、門に入り、中廷に立たせた。尹氏《いんし》が王に任命書を授けると、王は史虢生《しかくせい》に、頌に冊命させた。王は言った。「頌よ、汝に成周の商賈《しょうこ》二十家を管理させ、新造賈（官名）を監督させるよう命じる。これらによって王宮に侍御せよ。汝に刺《し》繡《しゅう》で縁を飾った赤黒色の衣・赤色の蔽膝《へいしつ》・朱色の佩玉《はいぎょく》・鑾鈴《らんれい》付きの旗・銅飾を施した轡《くつわ》を賜る。これらの品によって仕えよ。」頌は拝礼して額《ぬか》ずき、任命の冊書を受け、それを身に帯びて退出し、その際に（前回の任命で授けられた）玉器を返納した。

まず王が儀礼の行われる宮廟の一室に移動し、ついで介添え役となる右者《ゆうしゃ》（この銘の場合は宰引）が任命の対象となる受命者（頌）を所定の位置に着かせる。そして王の書記官にあたる史官（尹氏）が任命の次第を記した冊書（竹簡に書かれた書）を王に手渡し、更に王が別の史官（史虢生）に任命書を宣読させる。原文の「王曰」以下がその内容である。そして官職や職務の任命と、その官職・職務の象徴となる物品（原文の玄衣黹純など）の賜与が行われる。最後に受命者が王に拝礼を行い、任命書を受け取って退出し、その際に、おそらく前回の任命で授けられたであろう玉器の返納が行われる。

ここで例に挙げた〈62頌鼎〉のように、銘文中で任命の行為を「冊命」と呼ぶものがあること、そして冊書の宣読や授受によって任命が行われることから、このような形式で行われる任命の儀礼を「冊命儀礼」と呼ぶ。

冊命儀礼は〈62頌鼎〉銘文中の「康昭宮」、すなわち第三代の康王を祀る康宮を中心とする廟宮群に属する第四代昭王の廟宮など、周王の廟宮で行われることが多い。

周原では、周王あるいは貴族の廟宮跡と見られる建築遺構が複数発見されている。岐山県鳳雛《ほうすう》村甲組建築遺構はそのうちのひとつである（図３-５上）。殷末周初から西周後半期に至るまで使用されたと考えられており、入り口にあたる前院と門道、中央部の中庭と前堂、奥部の後室、周辺部の回廊などから成る前堂後室形式の建築である。中庭と前堂が祭祀や儀礼を行うための空間で、後室が所有者の居住のための空間であったとされる。遺構の内部からは第１章で引用したような周原甲骨が発見され、遺構の周辺からは屋根に使用された瓦の破片も発見されている。

この鳳雛村甲組建築遺構のような建物が冊命儀礼の場となったと想定され、中庭の部分が

〈62頌鼎〉に見える中廷、前堂の部分が大室に相当すると考えられているが、より複雑な構造を持つ、同じく周原で近年発見された扶風《ふふう》県雲塘《うんとう》建築遺構の方が冊命儀礼の場としてふさわしいという意見もある。アメリカ・コロンビア大学の李峰《りほう》は、図3－5の下図のように雲

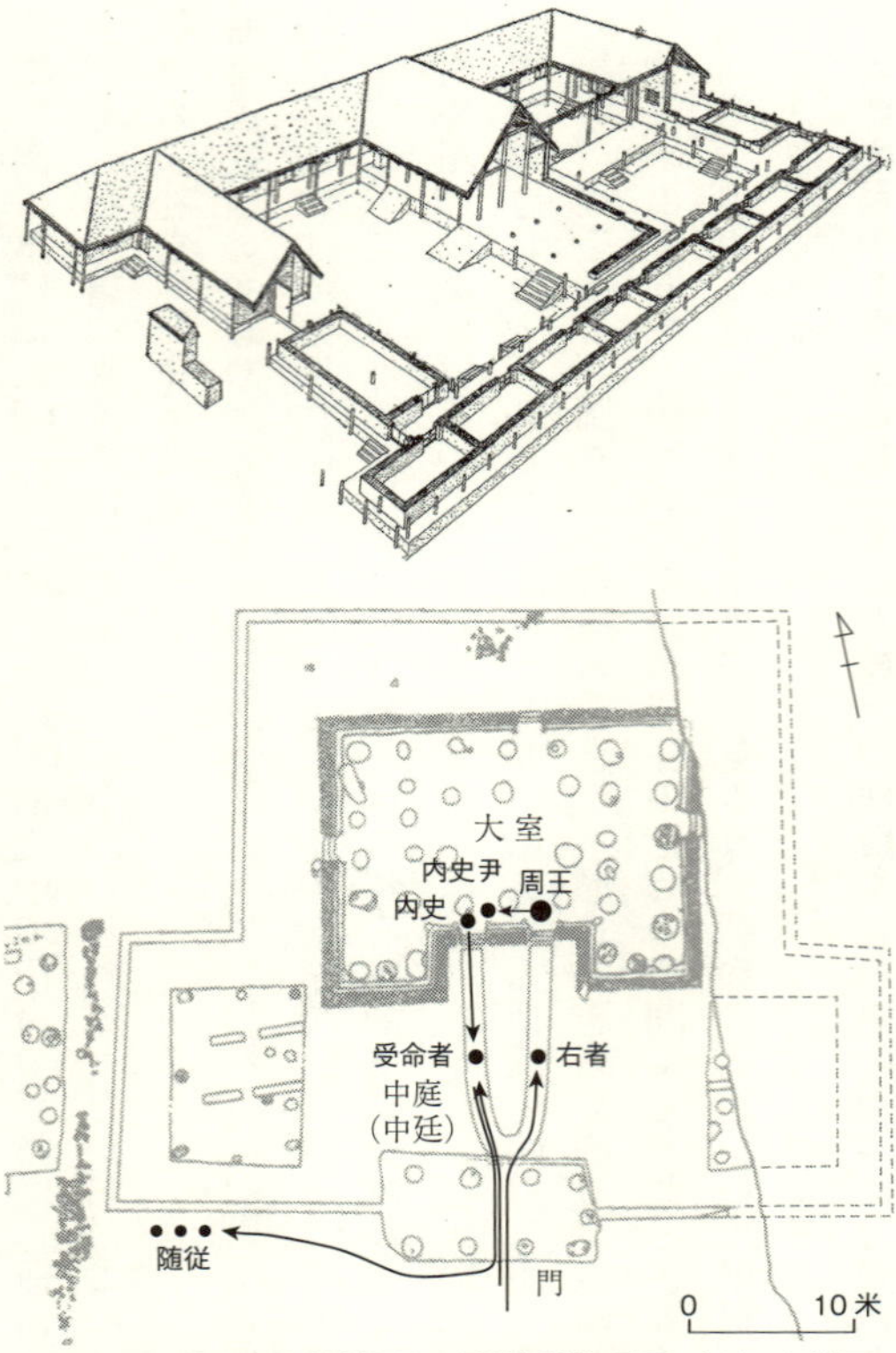

図3－5　岐山県鳳雛村甲組建築遺構復元図（上）と扶風県雲塘建築遺構平面図（下）

塘建築遺構から冊命儀礼の参加者の配置や儀礼の過程を再現している。
西周前半期にはこのような形式で任命が行われた例はほとんど見られず、第五代の穆王の頃から、〈62頌鼎〉に見えるものより簡単な形式の任命の儀礼が増加し、時期を経るにつれて儀礼の形式が次第に整備されていったことが金文から確認される。〈62頌鼎〉は第十一代の宣王期の金文で、この銘に見える冊命儀礼の形式はその完成形である。特に史官が二名儀礼に参加している点と（通常は後に引く諸例のように一名のみが参加）、末尾に見える受命者の退出と玉器の返納の次第は、宣王の頃になって初めて金文に見えるものである。

冊命儀礼で任命される職務と賜与品の性質についても確認しておきたい。これらの問題については吉本道雅が検討を行っている。

職務については、〈62頌鼎〉では成周の商賈の管理などが命じられ、この職務によって王宮に侍御するよう命じられているが、このように王畿や都邑の統治、あるいは周王の財産管理に関するものが中心で、冊命儀礼とは、周王が臣下に王朝の統治に関わる権限や周王室の権益を細切れに分与・委託することを指すと言い換えることもできる。

賜与品にも変化があり、「会同型儀礼」でしばしば参加者への賜与品として用いられた宝貝などにかわり、〈62頌鼎〉に見える「刺繡で縁を飾った赤黒色の衣・赤色の蔽膝・朱色の佩玉・鑾鈴付きの旗・銅飾を施した轡」のように、官服や車馬具が受命者への賜与品として用いられるようになる。これらは受命者の職務や身分の象徴となるもので、身分や職務内容によって賜与される品目や組み合わせが異なっていたのではないかと考えられている。

このような機能は、宝貝などでは表しようがない。「会同型儀礼」での賜与品は、〈95令方彝〉に「用禘」（これらの品でもって禘の祭祀を執り行え）とあったように、祖先祭祀に供することが期待されたが、冊命儀礼で賜与される官服・車馬具は、〈62頌鼎〉に見えるように、「用事」（これらの品によって仕える）のためのものである。

宝貝などは、前章で見たように、儀礼の参加記念品としての性質があり、「会同型儀礼」の参加者と主催者である周王とのつながりを示すものでもあった。しかし南征の挫折以後、結局周王の宗教的な権威も低下を避けられず、宝貝などよりも、王朝の統治に関わる権限のような、もっと実利的なものを与えなければ、臣下の求心力を保つことが難しくなったのだろう。

しかしこれにより周王朝は南征の挫折からのなし崩し的な瓦解を回避することができ、それどころか次章で見る厲王の時代までひとまずの安定を得ることができた。冊命儀礼の導入は、高島敏夫が指摘するように「王朝再建への努力」と評価することができよう。

誰が、何を、どう任命されたか

受命者の介添え役となる右者や、受命者が任命される職務について、他の用例も挙げつつもう少し詳しく見ておこう。

〈94呂服余盤《りょふくよばん》〉

・備仲入右呂服余。王曰、「服余、命汝更乃祖考事、胥備仲司六師服。賜汝赤市・幽衡・攸勒・旂。」

備仲《びちゅう》が（門に）入って呂服余を介添えした。王が言うには、「服余よ、汝の父祖の事を継ぎ、備仲を輔佐して西六師に関する職務を司《つかさど》るよう命じる。汝に赤色の蔽膝・黒色の佩玉・銅飾を施した轡・旗を賜る。」

〈46師瘨簋蓋《しうんきがい》〉

・司馬邢伯親右師瘨、入門、立中廷。王呼内史呉冊命師瘨曰、「先王既命汝。今余隹申先王命、命汝官司邑人・師氏。賜汝金勒。」

司馬で邢伯《けいはく》の親《ろく》が師瘨を介添えし、門に入らせ、中廷に立たせた。王が内史呉《ないしご》に師瘨への冊命を行わせて言うには、「先王は以前に汝に任命を行った。今私はここに先王の任命を踏襲し、汝に都邑の土豪と師氏の官を管理するように命じる。汝に銅飾を施した轡を賜る。」

〈94呂服余盤〉の例では、備仲という人物が受命者呂服余の右者をつとめているが、その呂服余が王より命じられているのは、その備仲を輔佐して西六師に関する職務を司ることであり、上官にあたる人物が右者をつとめていることがわかる。このように冊命儀礼で右者をつとめるのは受命者の上官となる人物であることが多かったようである。当然受命者は右者よりは身分・等級が下ということになる。受命者が王より任命される内容は、「新造賈」の監督を命じられた〈62頌鼎〉、「邑人・師氏」の管理を命じられた〈46師瘨簋蓋〉の例などを参照すると、一般の官吏や地方の土豪にあたる人々の管理・監督が多かったと見られる。

前章で引用した〈17義盉蓋〉に見える四つの身分・等級「邦君・諸侯・正・有司」でいうと、冊命儀礼の受命者に管理・監督されるのが有司（一般の官吏）、受命者自身は正（諸官の長）あるいはその輔佐役、右者をつとめるのが邦君あるいは正に該当するということになりそうである。右者は誰もがつとめられるというわけではなく、吉本道雅が指摘するように、邦君、あるいは〈62頌鼎〉に見える宰の官、王朝の三有司（司徒・司馬・司空。〈46師瘨簋蓋〉の司馬邢伯親がこれに該当する）、公族といった官などに限られていた。

受命者が任命される職務については、〈94呂服余盤〉などに「汝の父祖の事を継ぎ」とあり、また〈46師瘨簋蓋〉などに「先王は以前に汝に任命を行った。今私はここに先王の任命を踏襲し」という文辞が見えることから、一族が代々同じ職務を世襲することを前提として、冊命儀礼は王もしくは受命者が代替わりするたびに、その一族の職務継承を王が認めることを公表するための儀式であるとする見解がある。

　しかし吉本道雅や李峰が指摘するように、実際には一族が代々同じ職務を世襲してきたわけではない。

・王在周新宮、格大室。密叔入右虎、即位。王呼内史曰、「冊命虎」。曰、「載乃祖考事先王、司虎臣。今命汝曰、『更乃祖考、胥師戲、司走馬・馭人眔五邑走馬・馭人。汝毋敢不善于政。賜汝緇市・幽衡・玄衣黹純・鑾旂五日。用事。』」
　王は周の新宮《しんきゅう》に所在し、大室に至った。密叔《みつしゅく》が（門に）入って虎《こ》を介添えし、所定の位置に即かせた。王は内史に「虎に冊命せよ」と命じた。（王が）言うには、「当初汝の父祖は先王に仕え、虎臣《こしん》の官を司った。今汝に命じる。『汝の父祖を継ぎ、師戲《しぎ》（人名）を輔佐して、（都邑の）走馬《そうば》・馭人《ぎょじん》の官と、五邑《ごゆう》の走馬・馭人の官を司れ。政務に最善を尽くさないことがあってはならない。汝に黒色の蔽膝・黒色の佩玉・彩色の糸で縁を飾った赤黒色の衣・五つの太陽が描かれた鑾鈴付きの旗を賜る。これらによって仕えよ。』」

たとえばここに引いた〈32虎《こ》簋《き》蓋《がい》〉では、受命者の虎が「汝の父祖を継」いで命じられたのは、父祖と同じく虎臣を司ることではなく、「師戯を輔佐して、(都邑の) 走馬・馭人の官と、五邑の走馬・馭人の官を司る」ことであった。ともに軍事に関する官という共通点はあるが、司る官自体は父祖と虎とでまったく異なっている。ほかに同じ職務をベースとしながらも、父祖と比べて職務内容が増減しているケースもある。

西周貴族は必ずしも代々同じ職務を世襲するというわけではなく、広く王の臣下として職務を保有するような地位や、王朝の運営に関与する資格を世襲したのである。

周の新宮

〈32虎簋蓋〉では周の新宮で冊命儀礼が執り行われていた。周の新宮とは、西周後半期の金文に儀礼の場として見える廟宮である。おそらくもともとは単に新設の廟宮を示す名称だったのが、固有名詞化したものだろう。

新宮では〈32虎簋蓋〉のように冊命儀礼が執り行われるほか、その他の儀礼も施行された。〈58十五年趞曹鼎《じゅうごねんせきそうてい》〉では「隹十又五年五月既生覇壬午、共王在周新宮、王射于射盧」(十五年五月既生覇壬午《じんご》の日、共王は周の新宮に所在し、射盧《しゃろ》で射礼を行った)とあり、新宮の中に射盧という施設があり、そこで射礼が行われたことがわかる。この銘では第六代共王の号が見えるが、〈19匡卣《きょうゆう》〉では「懿王在射盧」（懿王《いおう》が射盧に所在した）と、次の第七代懿王の号が見え、この二王の時期に新宮や、その敷地内に附設されていた射盧が儀礼の場として使用されたことが確認される。

同じ新宮で旧来の「会同型儀礼」に属する射礼と、後半期にさかんとなった冊命儀礼の両方が執り行われていることから、新宮は冊命儀礼の場であるとともに「会同型儀礼」を保持するという役割を担う廟宮であったということになる。

ここで取り上げた〈32虎簋蓋〉は同銘のものが二件発見されている。一件は陝西省で現地住民によって発見され、もう一件は香港で、おそらく骨董市場に流れ、〈96老簋《ろうき》〉とセットで存在が確認された。蓋の部分（〈32虎簋蓋〉）と本体部分（〈96老簋〉）とで、作器者や内容が異なる銘文が鋳込まれているという、かなり珍しい事例である（図3－6）。

本体部分の〈96老簋〉には「隹五月初吉、王在葊京、漁于大池。王蔑老歴、賜魚百」（五月初吉の日、王は葊京に所在し、大池で漁を行った。王は老の功績を称え、魚百匹を賜った）と、前章で引用した〈01遹簋〉と同様の葊京辟雍での漁の儀礼が記録されている。

すなわち蓋銘には周の新宮での冊命儀礼が記録され、器体銘には旧来の「会同型儀礼」に属する儀礼が記録されているということになる。〈32虎簋蓋〉の方は第五代穆王あるいは次の共王の時代のものとされており、〈96老簋〉の方も当然同時期の制作ということになるが、

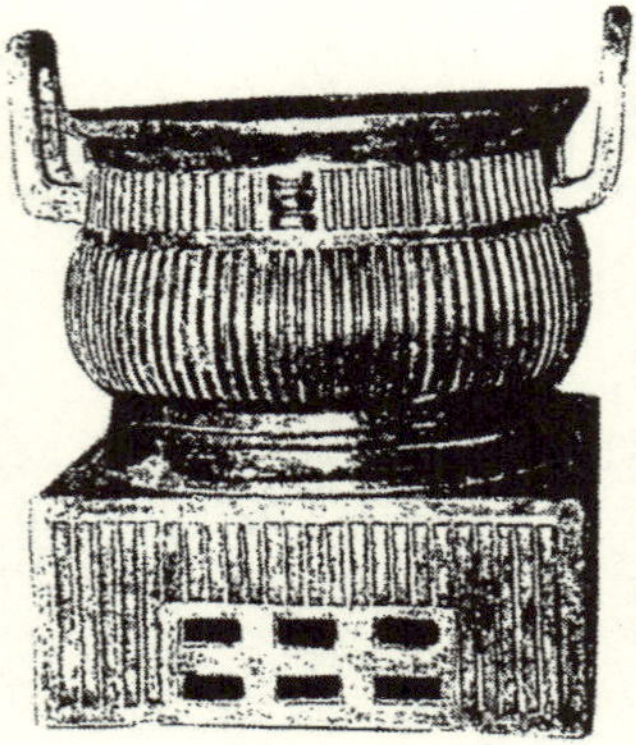

図3－6　〈96老簋〉（器体部）

これは穆王・共王の頃に「会同型儀礼」と冊命儀礼の新旧二種の儀礼が併存していたことを示す象徴的な器である。

ただ、時期が下ると、周の新宮にかわり、周の康宮、あるいは〈62頌鼎〉に見えるように、康宮を中心とする廟宮群に属する昭宮や穆宮（穆王の廟宮）が冊命儀礼施行の中心地となっていく。新宮についても、もともとは康宮とは別個に造営され、運営されていたと見られるが、第九代夷王期の〈87望簋《ぼうき》〉には「王在周康宮新宮」（王が周の康宮新宮に所在した）とあり、新宮が康宮を中心とする廟宮群に組み込まれたことがわかる。新宮を中心として「会同型儀礼」と冊命儀礼の新旧二種の儀礼の保持をはかるという構想が最終的に放棄されたのである。

なお、冊命金文の書式はそれほど厳格なものではなく、部分的に省略がなされるなど多少のぶれが存在するが、王の所在を示す部分に現れる周の新宮や康宮については、必ず「周の」と記載され、「宗周の」と記すものは現在のところ皆無である。これが第1章で筆者が周を宗周の略称とせず、それぞれ別の地を指すとした理由である。

二　王朝を動かす執政団

王朝の裁判官として

多くの研究者が指摘するように、西周後半期に入ると、それまでの周公・召公ら特定の重臣が政務や軍務を指導する体制にかわり、邦君や諸官の長が執政団を形成し、集団で指導する体制となる。

・益公入即命于天子。公廼出厥命、賜畀師永厥田陰陽洛。疆眔師俗父田。厥眔公出厥命、邢伯・栄伯・尹氏・師俗父・遣仲。公廼命鄭司徒函父・周人司空眉・𢼊史・師氏・邑人奎父・畢人師同、付永厥田。厥率履厥疆宋句。

益公《えきこう》が（王宮に）入って天子より命を受けた。益公はそこでその命を発し、師永《しえい》に田地を陰《いん》陽洛《ようらく》の地に与えた。その境界は師俗父《しぞくほ》の田地と接する。益公と命を発したのは、邢伯・栄《えい》伯《はく》・尹氏・師俗父・遣仲《けんちゅう》である。益公はそこで鄭の司徒函父《かんほ》・周人の司空眉・𢼊史・師氏・邑人の奎父《けいほ》・畢《ひつ》人の師同《しどう》に命じて、永に田地を付与させた。一同を率いてその境界を定めたのは宋句《そうく》である。

この〈03永盂《えいう》〉では、益公が師永に土地を与えるよう王命を受け、邢伯ら五名の貴族とともに命令を発しているが、この益公と邢伯らが当時の周王朝の執政にあたる。現代風に言えば益公が政府首班、邢伯以下が閣僚ということになるだろう。師永に与えられる土地と隣接した領地を持つ師俗父も、その中に入っている。そして実際に土地を検分して師永に与えたのは、更に下級の官吏である鄭の司徒函父や宋句といった人々である。

〈03永盂〉に登場する執政団の構成員の中で、益公のみが公と称されている。前章で引用した〈95令方彝〉において、周公の子の明保が王命を受けて初めて明公と称することができたように、王の臣下が王朝の公的な場で「公」と称するには、王の承認などが必要だったようである。

尹氏は〈62頌鼎〉に見えるように王に仕える史官を指す。その他の人々については、「伯」「仲」と称されているが、それぞれ邢氏や栄氏といった氏族の分族で、王畿内に采邑を所有している人々を指すとされている。

邢伯の場合は、現在の河北省邢台《けいたい》市附近に封土を持っていた諸侯邢侯の分族にあたり、ほかに邢叔・邢季などの分族が存在したことが金文より確認されている。この銘に見える邢伯は、おそらく前節で引用した〈46師瘨簋蓋〉の司馬邢伯親と同一人物である。

遺仲以外の邢伯・栄伯・師俗父についてはみな他の金文で冊命儀礼において右者をつとめた例が確認される。それぞれ邦君あるいは諸官の長にあたる人物である。〈03永盂〉では師永に土地が与えられた事情が語られていないが、おそらくは軍功などの功績に対する褒賞ではなく、何らかの係争に対する賠償として与えられたのだろう。

後半期の金文には、執政団が貴族同士の係争を収めるための裁判官の役割を担っている事例がいくつか見られる。以下に引く〈35五祀衛鼎《ごしえいてい》〉もそのひとつである。

・衛以邦君厲告于邢伯・伯邑父・定伯・琼伯・伯俗父曰、「厲曰、『余執共王恤工、于昭大室東朔、営二川。』曰、『余舍汝田五田。』」正廼訊厲曰、「汝賈田不。」厲廼許曰、「余審賈田五田。」邢伯・伯邑父・定伯・琼伯・伯俗父廼顜、使厲誓。

衛が邦君の厲《れい》を邢伯・伯邑父《はくゆうほ》・定伯《ていはく》・琼伯《りょうはく》・伯俗父に告訴して言う、「厲が言うには、『私は共王より命じられた工事を執行し、昭王の廟宮の東北で、二つの河川の治水を行う。』また言うには、『（その治水工事のために衛の田地が必要となるので、その代償として）汝に田地五田を与えよう。』（しかしその田地は引き渡されないままとなっている。）」そこで（邢伯ら）諸官の長は厲に「汝は田地を引き渡すつもりがあるのか」と問いただした。厲がそこで要求に応じて「私は確かに田地五田を引き渡します」と言った。邢伯・伯邑父・定伯・琼伯・伯俗父は仲裁し、厲に（田地の引き渡しを履行するよう）誓いを立てさせた。

これは衛と邦君の厲（この邦君というのは、あるいは厲の身分ではなく邦君を管理する官を指すのかもしれない）との間の土地の割譲をめぐる裁判を記録したものであるが、ところどころ文辞が省略されているようで、そのままでは意味が取りづらい。訳文では適宜括弧書きで内容を補った。

ここで衛の告訴を承けて裁判官の役割を果たしている邢伯以下五名の人物のうち、邢伯と伯俗父（師俗父）が〈03永盂〉に登場する執政と共通する。執政団の構成員は時期によって出入りがあった。

周原や豊鎬といった王畿内では、土地を細分して貴族に采邑として与えられていたようで、後半期の金文にはこのような土地をめぐる紛争が頻発した。ここでは文章を引用しないが、台北《タイペイ》故宮の三大青銅器のひとつとして知られる〈44散氏盤《さんしばん》〉もそうした紛争と和解の経過を記録したものである。

〈35五祀衛鼎〉に見える厲の「共王より命じられた工事」とは、おそらく彼が冊命儀礼によって命じられた職務であり、王畿内の事柄を臣下に細切れに委託する冊命儀礼の隆盛が土地に関わる紛争の原因のひとつとなっていたことが読み取れる。

もあった。

軍の指揮官として

王朝の執政をつとめるような邦君や諸官の長は、王命を受けて軍の指揮官をつとめること

・佳十又一月、王命師俗・史密曰、「東征、敀南夷。」盧・虎会杞夷・舟夷、讙不質、広伐東国。斉師・族徒・遂人、乃執鄙・寛・亜。師俗率斉師・遂人左、［周］伐長必、史密右、率族人・萊伯・棘・陝、周伐長必、獲百人。

十一月、王が師俗と史密に命じて言った。「東征し、南夷《なんい》を伐て。」盧方《ろほう》と虎方が杞夷《きい》・舟《しゅう》夷《い》と連合し、騒ぎ立てて慎まず、広く東国に侵攻した。斉地の軍・在地の豪族の兵・在地の民兵が、ようやく（敵の首領）鄙《ひ》・寛《かん》・亜《あ》を捕らえた。師俗は斉地の軍と在地の民兵を率いて左から長必《ちょうひつ》の地を包囲攻撃し、史密は在地の豪族の兵・萊伯《らいはく》・棘《きょく》国の兵・陝《い》国の兵を率いて右から長必の地を包囲攻撃し、百人の捕虜を得た。

ここに引く〈54史密簋《しみつき》〉では、〈03永盂〉などに現れる師俗（師俗父）が史密とともに王命により東征を行っている。この東征は盧方・虎方などによる周の東方の領域への侵略に対

応したもので、第五代穆王期以後の防衛戦争にあたる。
作器者の史密は、〈62頌鼎〉に登場する史虢生と同じく王に仕える史官だが、殷周史研究の高野義弘によれば、史官の職掌は西周前半期にはまだはっきり定まっておらず、西周後半期に入ってからようやく王の書記官としての職掌が定まり始めたとされる。ここでは史官の史密も師俗と同様に出征している。

師俗の師は、一般的には軍事に関わる師氏の官を指すとされるが、金文では軍事以外の事柄に従事している例も多々見られる。師氏も史官と同様にまだその職掌の範囲がはっきり定まっていなかったということかもしれない。

この銘文でもうひとつ注目すべきことは、史密が族人（在地の豪族の兵）、棘国や陝国の兵とともに、萊伯を率いていることである。萊は山東半島の諸侯国のひとつで、萊伯はその当主あるいは太子を指すと見られる。王朝に仕える邦君・諸官の長は、諸侯あるいは諸侯に相当する人物を指揮することもあったのである。そのことを示しているのが、以下に引く〈43柞伯鼎《さくはくてい》〉である。

・隹四月既死覇、虢仲命柞伯曰、「在乃聖祖周公旧有功于周邦。用昏無及、広伐南国、今汝其率蔡侯左至于昏邑。」既囲城、命蔡侯告徴虢仲・遣氏曰、「既囲昏。」虢仲至、辛酉、搏戎。作伯執訊二夫、獲馘十人。

四月既死覇の日、虢仲《かくちゅう》が柞伯に命じて言うには、「汝の聖祖周公はかつて周邦に功績があった。昏《こん》（の軍）は（まだ王畿内には）及んでいないが、広く南国を侵攻しているので、今汝は蔡侯《さいこう》を率いて左から昏の邑へと向かえ。」（昏の）城邑を包囲すると、蔡侯に命じて（任務の）成功を虢仲・遣氏《けんし》に報告させ、（蔡侯は）「昏を包囲しました」と言った。虢仲が（昏に）至り、辛酉の日に戎を伐った。柞伯は捕虜二人と、十人分の敵首を得た。

この銘では虢仲と遣氏（〈03永盂〉に現れる遣仲と同一人物の可能性がある）が指揮官となり、周の南方の領域を攻める昏の討伐にあたっている。虢仲は虢国の分族出身の有力者で、〈12虢仲盨《かくちゅうしゅ》〉で王に従って南征するなど、軍事に活躍した人物である。邦君に相当する地位にあったのだろう。

作器者柞伯（銘文によると周公の子孫にあたる）は更にその配下となるが、その彼が諸侯の蔡侯を率いて戦っており、また蔡侯を使者として虢仲・遣氏のもとに報告に赴かせたりしている。蔡侯は伝世文献で「三監」の一人とされる蔡叔の子孫で、現在の河南省上蔡《じょうさい》県附近に封地を与えられたとされている。蔡は諸侯国として東周期まで存続し、楚に滅ぼされた。

西周期にあっては、無論王命を前提としてのものであるが、邦君や王朝の諸官の長は諸侯の上に立って指揮する立場にあったのである。前章で引用した〈17義盉蓋〉の原文で大射礼の参加者として「邦君・諸侯・正・有司」と、邦君を諸侯の上に挙げているのは、邦君の方が諸侯より立場が上であるという当時の状況が反映されている。

執政となるには

それでは王の臣下が王朝の執政団の一員となるには、何か条件があったのだろうか。ここに引く〈97親簋《ろくき》〉がそれを窺うための史料となる。

・隹廿又四年九月既望庚寅、王在周、格大室、即位。司空噕入右親、立中廷、北嚮。王呼作冊尹冊申命親曰、「更乃祖服、作冢司馬。汝廼諫訊右隣、取徵十守。賜汝赤市・幽衡・金車・旂。汝廼敬夙夕、勿廃朕命。汝肇享。」

二十四年九月既望庚寅《こういん》の日、王は周に所在し、(ある廟宮の) 大室に至り、所定の位置に即いた。司空噕が (門に) 入って親を介添えし、中廷に立たせ、北を向いた。王が作冊尹に、親に対して再度冊命を行わせて言った。「汝の祖の事を継ぎ、冢司馬《ちょうしば》となれ。諸官の訴訟を執り行い、(手当として) 銅十守《りつ》を取得せよ。汝に赤色の蔽膝・黒色の佩玉・銅製の馬車・旗を賜る。朝となく夜となく常に身を慎み、我が命を怠ってはならない。(そして諸官を)

饗応せよ。」

この銘文で王より任命を受けている親は、〈46師𤸫簋蓋〉で右者として登場した司馬邢伯親である。ここでは彼自身が冊命の対象となり、冢司馬（大司馬）に任命されている。銘文によると「再度冊命」を受けているので、何らかの官職から昇格したということなのだろう。ともかくこれ以後彼は〈46師𤸫簋蓋〉に見えるように司馬邢伯、あるいは単に邢伯として、多くの冊命金文で右者として登場するようになる。彼の場合はこの冢司馬への任命によって邦君・諸官の長としての地位を獲得し、王朝の執政団の一員となったのである。

そしてこの銘文では、冢司馬の任命とともに、諸官の訴訟を執り行うよう命じられているが、冊命金文では時々職務の任命に加えてこのような訴訟の執行に関する文辞が見られる。具体的には、先に引用した〈35五祀衛鼎〉のような形で、貴族の訴訟に対して裁判官をつとめることを言っているのだろう。司馬邢伯親が裁判官の役割をつとめていることは〈35五祀衛鼎〉で確認した通りである。

銘文原文の「銅十寽」の寽とは銅塊の重量を示す単位である。松丸道雄によれば、一寽はおよそ銅一キログラムに相当する。十寽はおよそ十キログラムということになる。銘文原文の「取徴十寽」のような表現はやはり冊命金文で多く見られ、受命者の俸禄を示すという説、裁判を執り行った際に有罪となった者から徴収する罰金とする説、裁判の被告人から徴収する手数料を示すとする説など、諸説あるが、ここでは中国の研究者王晶《おうしょう》の説により、任命された職務に対する特別手当を指すと考えておく。

このように、王朝の執政の地位を得るには、王の冊命によって一定の官職を得るなどの手順をふむ必要があったのである。冢司馬などの官職につくには、更に若年の頃から一定のキャリアを歩む必要があったのではないかと推測される。

なお、邢伯が諸侯邢侯の分族であることは前に述べた通りであるが、この邢侯は〈22邢侯《けいこう》簋《き》〉によると、〈43柞伯鼎〉の柞伯と同様に周公の子孫であったようである。その分族である邢伯も当然周公の子孫ということになる。伝世文献では『春秋左氏伝』僖公二十四年に「凡・蔣・邢・茅・胙・祭、周公之胤也」（凡《はん》・蔣《しょう》・邢・茅《ぼう》・胙《そ》・祭は、周公の子孫である）という一文があるが、このうち邢と胙がそれぞれ邢侯・邢伯の家と柞伯の家にあたる。〈95令方彝〉に登場する明公以後、金文では周公の家の大宗にあたる周公家の人々の名前が見られなくなり、周公家が断絶した可能性もあるが、邢氏や柞（胙）氏、周公の長子伯禽の魯侯家など、分家・別家にあたる氏族は繁栄したようである。

本章で扱ったのは、主に第六代共王・第七代懿王・第八代孝王・第九代夷王の四代の時期である。特に共王は父親の穆王とともに冊命儀礼が行われ始める頃の王にあたり、また前節で見たように、金文からは周の新宮において冊命儀礼とともに「会同型儀礼」の保持をはかるといった、重要な施策を行ったことが読み取れる。

しかし伝世文献では、この時期の諸王は事績がそれほど語られることがなく、他の時期の王と比べて影が薄い。その中で特に影が薄いのが孝王である。共王と懿王については、金文では前節で引用した〈58十五年趞曹鼎〉や〈19匡卣〉などにその号が見え、実在が確認される。

夷王についても、〈52此鼎《してい》〉（同銘の簋が存在する）などにその廟宮である「周の康宮夷宮」が見え、間接的な形ではあるが、やはり実在が確認される。

しかし孝王については、長らくその号や廟宮の見える金文が存在せず、陝西省眉県楊家村窖蔵（図３－３参照）より発見された第十一代宣王期の〈92逨盤〉によって、ようやく実在が確認された。〈92逨盤〉の前半部は、作器者である逨の祖先と西周の諸王の事績について記述しており、「雩朕皇亜祖《こうあそ》懿仲𣪕諫諫、克敷保厥辟孝王・夷王、有成于周邦」（我が皇亜祖の懿仲《いちゅう》においては、度量が広く、その君たる孝王・夷王をよく輔弼《ほひつ》し、周邦に対して功績があった）と、逨の二代前の祖先懿仲がこの孝王と夷王に仕えたとある。

実は孝王に関してはその系譜すら曖昧《あいまい》である。図1－5の系図では第五代穆王の子で、次の共王の弟としておいたが、これは『史記』周本紀の説を採ったもので、同じ『史記』の三代世表では、懿王の弟とある。仮に共王の弟であるとすると、懿王に子がいたにもかかわらず、その後継として懿王の叔父にあたる孝王が即位し、孝王の没後にようやく懿王の子の夷王が即位するという、やや不自然な継承が行われたことになる。

懿王の没時に夷王が幼少であったので、孝王が中継ぎとして立った、あるいは孝王が夷王に伝えられるべき王位を簒奪《さんだつ》したといったような事情が想定されるが、伝世文献は詳しい事情を伝えない。逨盤では孝王も先王の一人として扱われていることから、簒奪ではなく中継ぎとしての即位であったのかもしれない。

ともかく夷王の即位によって王位が傍系から嫡系に戻ったわけであるが、古本『竹書紀年』や『史記』斉太公世家の記述によると、その夷王は紀侯《きこう》の讒言を信じて斉の哀公《あいこう》を鼎で煮殺したとある。このような諸侯に対する暴虐なふるまいや暗愚さが、次の第十代厲王・第十一代宣王・第十二代幽王の三代に受け継がれることになる。

第4章

暴君と権臣たち

西周後半期Ⅱ

一　追放された暴君

金文を自作する王

夷王を継いだ第十代厲王は、伝世文献では暴君とされる。『国語』周語上や『史記』周本紀では、厲王が賢臣の諫めを聞かず、利殖を好む栄《えい》の夷公《いこう》を近づけて卿士《けいし》とした話や、国人《こくじん》（周都在住の王の臣下たち）が王の暴虐を謗《そし》ると、やはり賢臣の召公（召公奭の子孫の召穆公虎《しょうぼくこうこ》とされる）の諫めも聞かずに怒り、衛国の巫《ふ》に監視させ、謗る者を殺させたので、誰も批判をする者がいなくなったという話を伝える。

それでは金文からはどのような厲王の姿が見出せるだろうか。現在のところ、厲王自作の青銅器とされているものは、〈37㝬鐘《こしょう》〉〈31㝬簋《こき》〉〈36五祀㝬鐘《ごしこしょう》〉の三件がある。このうち〈36五祀㝬鐘〉は、銘文が一部分しか残されていない。ここでは銘文の通読が可能な〈37㝬鐘〉と〈31㝬簋〉のみを取り上げる（図4－1）。

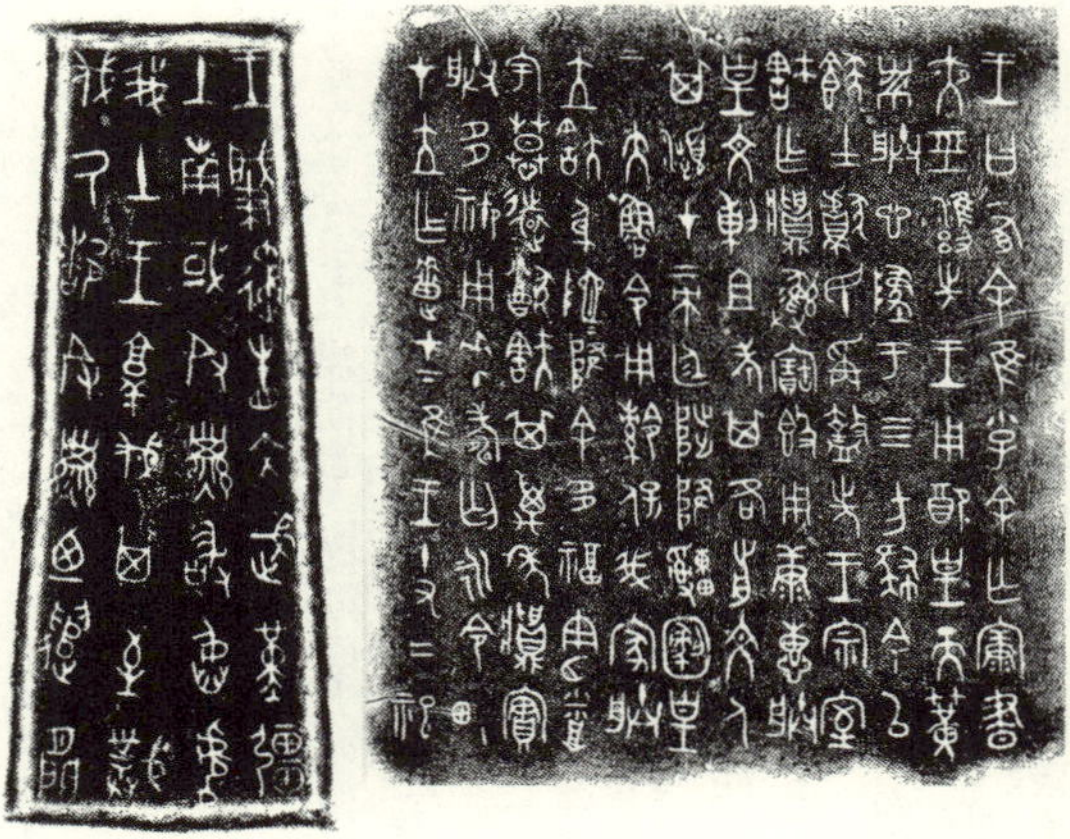

図4－1　〈37㝬鐘〉銘文（部分）（左）と〈31㝬簋〉銘文（右）

〈37㝬鐘〉は、台北故宮所蔵の三大青銅器のひとつとされる。以下に引くように銘文原文に「宗周の宝鐘を作った」という文辞が見えることから、〈宗周鐘《そうしゅうしょう》〉とも呼ばれる。

・王肇遹省文武勤疆土。南国服子敢陥虐我土、王敦伐其至、撲伐厥都。服子廼遣間来逆昭王。南夷・東夷具見廿又六邦。隹皇上帝百神保余小子、朕猷有成亡競。我隹嗣配皇天。王対作宗周宝鐘。……㝬其万年、畯保四国。

王はここに文王・武王が懸命に治めた疆土《きょうど》を巡察した。南国の服子《ふくし》があろうことか我が領土を侵略したので、王が討ち滅ぼそうと到来し、その都を討伐した。服子はそこで（降伏の）使者を派遣し、自ら王を出迎えて対面した。南夷・東夷の（首領で）ともに朝見したものは二十六邦にのぼる。上帝や数多《あまた》の神霊が私めを守ってくれているので、我が謀《はかりごと》は成功を収めて敵《かな》うものがないのである。私はここに（先王を）嗣いで天意にかなうようにしたい。王は（天の恩寵に）応えて宗周の宝鐘を作った。……私㝬《こ》が永命を得て、永久に四方を保てますように。

銘文では王が親征し、周の南方の領域に侵入した服子を討伐したことを述べている。銘文末尾に見える作器者の名前の㝬が厲王にあたると考えられている。『史記』周本紀では厲王の名は胡《こ》とされており、金文では㝬字が胡字のかわりに用いられている。

ただ、従来は〈37㝬鐘〉を前半期の第四代昭王の時代のものとする説も有力であった。銘文原文中の「来逆昭王」の「昭王」を、昭王の号と見たのである。

しかし一九七九年・八一年に、同じ作器者㝬による西周後半期の〈31㝬簋〉〈36五祀㝬鐘〉がそれぞれ陝西省で発見・公表されたことにより、〈37㝬鐘〉は西周後半期の厲王の自作器であることがほぼ確定した。この場合は、銘文原文の「昭王」の「昭」字を王に見《まみ》える（対面する）という意味の動詞として読む。

中国考古学研究で知られる林巳奈夫《はやしみなお》（一九二五〜二〇〇六年）は、銘文の内容だけではなく〈37㝬鐘〉の器形も西周Ⅲ、すなわち前期・中期・後期の三期区分で後期のものと断代している。また、近年同じく西周後半期の器銘で、王が南征して服子などを征伐したことを記す〈82伯㦰父簋《はくせんほき》〉も公表されている。〈37㝬鐘〉と同じ戦争について記録しているものと見られる。

〈31㝬簋〉の方は〈37㝬鐘〉とは異なり、具体的な事件を記録したものではなく、「用䵒保我家・朕位、㝬身」（永久に我が王家・我が王位・㝬の身が保たれますように）や、「用𠦪寿、匃永命、畯在位、作疐在下」（長寿を祈り、永命を求め、長く王位にあり、〔天意に〕応じて下界に君臨できますように）といった、先王に対する厲王の祈りの言葉が記されている。

このように長文の銘文を刻した青銅器を複数残した周王は、厲王以外には存在しない。王の自作器は、通常は〈07王作仲姫方鼎《おうさくちゅうきほうてい》〉の「王作仲姫宝彝」（王が仲姫のための礼器を作った）とか、〈06王作齍彝簋蓋《おうさくしいきがい》〉の「王作齍彝」（王が礼器を作った）のように、青銅器の用途のみをごく簡単に銘文として残すのみである。長文の金文を残しているということが、厲王の王としての特異性を示している。

〈37㝬鐘〉では厲王の親征が記録されているが、ほかにやはり近年山西省の北趙晋侯《ほくちょうしんこう》墓地八号墓より出土した〈67晋侯蘇鐘《しんこうそしょう》〉が厲王の親征を記録したものとされる。これは夙夷《しゅくい》という東方の外部勢力に対する征伐を記録したもので、「王至于𩀁城、王親遠省師。王至晋侯蘇師、王降自車、立南嚮、親命晋侯蘇自西北隅敦伐𩀁城。晋侯率厥亜旅・小子・或人、先陥入、折首百、執訊十又一夫」（王は𩀁城《うんじょう》に至り、自ら遠方へと軍の視察を行った。王は晋侯蘇《しんこうそ》の軍に至ると、車より降り、南向きに立ち、自ら晋侯蘇に西北隅より匔城を伐つよう命じた。晋侯蘇はその臣下・一族子弟・兵員を率いて先陣し、匔城を陥落させて入城し、敵の首百・捕虜十一人の戦果を挙げた）といったように、厲王が晋侯蘇（晋の第八代君主献《けんこう》侯とされる。図5-4の系図を参照）とともに出征し、現地で晋侯蘇にその都度自ら指令を下している。

第2章で述べたように、第五代穆王以後の諸王は自ら出征することはなくなっていたが、厲王は親征を繰り返すことで、昭王の時代までの軍事王としての性質を取り戻そうとしたのである。また、第3章で触れたように、ファルケンハウゼンによれば、厲王は「西周後期礼制改革」を決定づけた王でもあった。周王としては例外的に長銘の金文を残している点と合わせて考えると、おそらくは軍事王としてのみならず、祭祀王としての性質も取り戻そうとしていた。

伝世文献に伝えられる暴虐に加え、軍事面と祭祀面、すなわち「戎」と「祀」の両面で西周後半期の諸王とは大いに異なる姿勢を示したことが、臣下の不安と反発を招いたのである。〈31㝬簋〉に見える永久に王位と我が身が保たれるようにという先王への祈りはかなえられることなく、彼は王位を追われることになる。

共和の政

厲王は在位三十七年にして国人の反乱により、周から彘《てい》の地に出奔することとなった。吉本道雅が指摘するように、彘は晋の地とされ、〈67晋侯蘇鐘〉に見える晋侯との関係が想起される。厲王は諸侯の中でも晋侯と親しい関係にあり、亡命先として晋国を選んだのだろう。『史記』周本紀によると、その後、周では召公（これもおそらく召穆公を指す）に匿《かくま》われていた太子静《たいしせい》、後の第十一代宣王が成長し、厲王が彘の地で没するまで、十四年にわたって王が置かれず、召公と周公（周公旦の子孫であろう）の二人の大臣が政務を司り、共に和して政治を行ったということで「共和《きょうわ》」と号したという。これが世襲君主の存在しない政治体制を指す、republic の訳語としての共和制の語源である。この「共和の政」が開始されたのは、西暦では前八四一年のこととされる。

しかし古本『竹書紀年』では、「有共伯和者、摂行天子事」あるいは「共伯和干王位」という記述がある。ともに同じ出来事について述べたもので、後で触れるようにそれぞれニュアンスの違いはあるが、共伯和《きょうはくわ》という人物が天子たる王になりかわって政治を行ったという意味合いとなる。これらの記述をふまえると、「共和」とは共伯和の略称ということになる。

金文でもこの時期に重臣として伯龢父《はくわほ》あるいは師龢父《しわほ》という人物が登場するものがあり、彼が共伯和に相当すると見られる（金文では、龢字は和字として用いられる）。召公と周公が共に和して政治を行ったとするより、共伯和が王のかわりに政治を行ったと見る方が適切である。召公と周公についても、召公にあたる召穆公に関しては、次節に見るように金文で存在が確認されるが、周公に関しては、現在のところ西周後半期に周公を名乗る人物の存在は確認されていない。

共伯和のことは新出の〈清華簡〉『繋年』の第一章にも見える。

・至于厲王、厲王大虐于周。卿士・諸正・万民弗忍于厥心、乃帰厲王于彘、共伯和立。十又四年、厲王生宣王、宣王即位、共伯和帰于宋。

厲王に至り、厲王は周で大いに暴虐を行った。卿士・諸官の長・万民はその暴虐の心に耐えきれず、厲王を彘の地に送り、共伯和が（王のかわりとして）立った。十四年、厲王は宣王を生んでいたが、宣王が即位し、共伯和は自領に帰った。

こちらでは上は卿士から下は庶民に至るまで、周の人々の総意によって厲王が追放されたということになっている。原文の「共伯和帰于宋」の宋字は、通常は字形と発音が似ている「宗」の誤字とされ、共伯和が宗国、すなわち訳文で示したように、自らの領地に帰ったという意味に解釈されるが、誤字ではないとすると、共伯和が宣王の即位にともなって宋の国に帰ったという意味になり、共伯和は宋の出身ということになる。あるいは衛国の出身とする説もあるが、彼の出自についてはよくわかっていない。共伯和の「共」がその采邑であるのかもしれないが、共王の「共」と同じく号である可能性もある。

共伯和は簒奪者か

この共伯和について、実は王位の簒奪者であったという説がある。これは先に取り上げた古本『竹書紀年』の記述のうち、「共伯和干王位」の方に注目したものである。「有共伯和者、摂行天子事」の方は、訓読すると「共伯和なる者有り、天子の事を摂行す」と、共伯和が摂政のような地位につき、国政を代行したというニュアンスとなる。

一方の「共伯和干王位」は、訓読すると「共伯和、王位を干《おか》す」という読みとなり、共伯和が王位を奪ったというニュアンスになる。

序章で述べたように、古本『竹書紀年』そのものは既に散佚しており、他の文献での引用という形でしか残されていない。「有共伯和者、摂行天子事」の方は、古本『竹書紀年』の記述を忠実に引用したものではなく、「共伯和干王位」の記述を後世の人が、おおよそこのような意味合いだろうと解釈して記したものである可能性も存在する。

仮に「共伯和干王位」の方がもとの記述に忠実な引用であるとして、共伯和は簒奪者だったと見てよいのだろうか。
共伯和に相当する伯龢父・師龢父が登場する金文は四件存在する。このうち〈16元年《がんねん》師兌《しえつ》簋《き》〉と〈45三年《さんねん》師兌《しえつ》簋《き》〉は、どちらも冊命金文で、作器者である師兌の上官として師龢父の名前が見える。以下に引く〈48師獣簋〉は、伯龢父が王の立場で臣下に対する冊命を行ったものとされることがある。

・隹王元年正月初吉丁亥、伯龢父若曰、「師獣、乃祖考有功于我家。汝有雖小子、命汝戸我家𤔲司我西偏・東偏、僕馭・百工・牧・臣妾。董裁内外、毋敢不善。」
王の元年正月初吉丁亥、伯龢父はまず言った。「師獣よ、汝の父祖は我が家に功績があった。汝は若年ではあるが、我が家を取り仕切り、我が土地の西辺と東辺、馭者の担当人員・工匠・牧場の担当人員・男女の奴隷を総管するように命じる。内外の一切を裁決し、不正を行ってはならない。」

しかしこれは伯龢父が王の立場で王朝の官職を任命したものではなく、伯龢父が王による冊命儀礼の形式を模して、自分の領地と各種の人員の管理を家臣に命じたものである。銘文中の「我が家」というのも王家ではなく、伯龢父の家のことを指す。

当時貴族が冊命儀礼の形式によって自領の管理などを家臣に命じた例はほかにもある。たとえば〈26逆鐘《げきしょう》〉では、〈48師𪏮簋〉と同様に「叔氏若曰」（叔氏《しゅくし》はまず言った）という語句に続いて主君の叔氏が家臣の逆《げき》に自家の人員などの管理を命じている。

王による冊命儀礼を記録した金文では、しばしば「王若曰」という語句の後に任命の辞が記される。「若曰」は一般的に「このように言った」と釈され、史官が受命者に主君の任命書を宣読することを示す語句とされる。しかし筆者はこのような解釈に疑問を持っており、ここでは小沢賢二（南京師範大学）の、若字が「初一」「開口一番」の意であるという解釈によって、前記訳文にあるように「まず」と訳した。

このように、金文では共伯和が王位を簒奪したという証拠は見出せない。彼は王位を簒奪したのではなく、おそらく他の邦君や諸官の長と合意のうえで、周公が成王を輔佐したように、幼少であった太子静を奉じて摂政をつとめたのだろう。

〈63師𠭰《しり》簋《き》〉には、「師龢父殂。𠭰素市、恐告于王」（師龢父が死去した。𠭰《り》は白色の蔽膝を身につけて、慎んで王に報告した）と、作器者の𠭰が喪装で（中国では伝統的に喪服の色は白とされる）王に師龢父の死を報告している。このような形で臣下の死が王に報告される例は、金文ではほかに存在せず、師龢父が王から一定の尊重を受けていたことを示す。

この銘ではその後に「隹十又一年九月初吉丁亥」という紀年が提示される。吉本道雅「西周紀年考」は、この紀年が共和十一年（前八三一年）であるとするが、暦の計算上は宣王十一年（前八一七年）と見ても問題ないとする。仮に共和十一年とすれば、『繫年』に共和十四年の宣王即位をもって共伯和が自領に戻ったとあるのは、歴史的事実ではないということになる。

古本『竹書紀年』では、ほかにも殷の建国の功臣伊尹《いいん》が初代湯王の孫にあたる大甲《たいこう》を追放して王位を簒奪し、後に大甲によって誅殺《ちゅうさつ》されたとしている。更に『孟子』万章《ばんしょう》上や『史記』夏本紀では夏の禹王《うおう》から王位を譲られたとされている臣下の益《えき》が、古本『竹書紀年』では、禹王の子の啓《けい》が継ぐべき王位を奪おうとし、啓によって誅殺されたとする。

古本『竹書紀年』は、重臣が国政を代行しているような状態を、一律に王位を簒奪したと解釈しているのである。共伯和が王位を干したというのも、歴史的事実というよりは、古本『竹書紀年』の「歴史認識」と見るべきである。

二　中興の光と闇

宣王の即位

共和十四年に厲王が亡命先で死去したことを承け、第十一代となる宣王が即位した。『史記』周本紀では宣王の在位年数は四十六年とされるので、共和の十四年間と合わせて六十年間宮廷にあったことになる。厲王の時代から『史記』では周王の在位年数が明示されるようになる。それ以前の周王で在位年数が示されているのは第五代穆王の五十五年のみであるが、穆王の在位年数をめぐっては種々の議論がある。

前述のように伝世文献では、宣王は厲王亡命時に召公に匿われたとされるが、その際に召公の宮室が国人に包囲され、自分の子を身代わりにして難を逃れさせたという話も伝えられている。国人に宣王と偽って自分の子の身柄を差し出し、殺害させたということであろう。

この時の召公すなわち召穆公虎は、召虎《しょうこ》の名で『詩経』大雅・江漢《こうかん》に淮夷を討伐したことが見える。金文では召伯虎《しょうはくこ》の名で、〈39五年琱生尊《ごねんちょうせいそん》〉〈38五年琱生簋《ごねんちょうせいき》〉〈99六年琱生簋《ろくねんちょうせいき》〉に見える。この三銘は一連のもので、召伯虎が召氏の宗主の地位を継承するにあたり、同族で作器者の琱生《ちょうせい》に財産を分与したことを記したものと見られる。

このように宣王の頃から、周王だけでなく臣下についても伝世文献と金文の双方で照合が可能な人物が増えていく。

権臣の登場

〈44散氏盤〉〈37㝬鐘〉とともに台北故宮三大青銅器に数えられる〈90毛公鼎《もうこうてい》〉（図４－２）

は、宣王の時代の金文とされる。これは宣王の毛公厝《もうこうあん》への任命の辞や訓戒を連ねたもので、西周金文の中では最も字数が多い。

その文章を拾い出してみると、「王曰、『父厝、今余唯肇経先王命、命汝辥我邦・我家内外。惷于小大政、屛朕位』」（王は言った。「父厝《ほあん》よ、今私はここに先王の命令に則《のっと》り、汝に我が周邦・我が王家の内外一切を治めるよう命じる。大小の政務を忠実に執行し、我が王位を守れ」）とか、「王曰、『父厝、已、曰及茲卿事寮・大史寮、于父即尹。命汝攝司公族、雩参有司・小子・師氏・虎臣、雩朕執事、以乃族捍禦王身。取徵卅寽』」（王は言った。「父厝よ、ああ、この卿事寮・大史寮に関しては、汝が管轄せよ。汝に公族の官及び、三有司〔司徒・司馬・司空〕・王室の子弟・師氏・虎臣及び、我が執事を総管し、汝の族党によって王たる私の身を防禦するよう命じる。〔手当として〕銅三十寽を取得せよ」）といったように、毛公厝が王朝の政務一切を取り仕切り、三有司など諸官を総管するよう命じられ、王

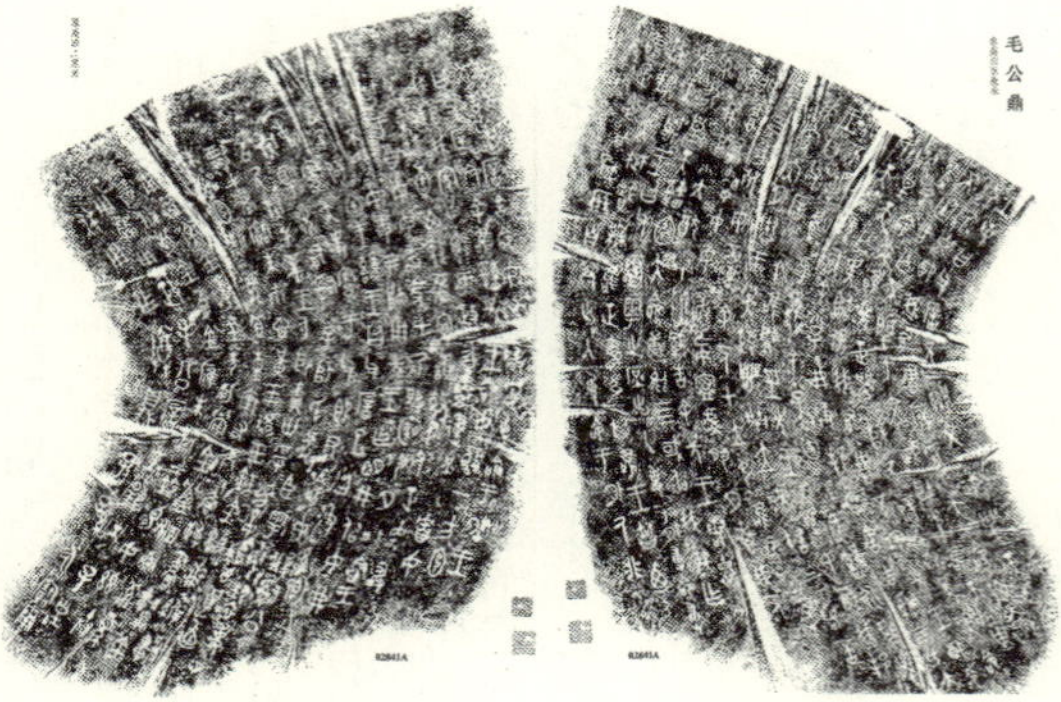

図4－2　〈90毛公鼎〉銘文

より広範かつ強大な権限が与えられていることが読み取れる。

宣王の前後、厲王から第十二代の幽王にかけては、厲王が寵臣の栄の夷公を卿士としたり、共伯和が王にかわって政務を執行したり、後に見るように武公《ぶこう》という人物が王朝の軍務を差配したりと、伝世文献と出土文献との双方で特定の権臣が強大な権限を手中に収めていた様子が窺える。毛公𢾭も彼らのような権臣の一人として位置づけられる。毛公𢾭は文王の子毛《もう》叔鄭《しゅくてい》の後裔《こうえい》であると見られるが、身分としては畿内に采邑を持つ邦君ということになる。

それと並行して、複数の研究者が指摘するように、この時期の金文からは前章で登場した執政団の存在が確認されなくなる。執政団による集団指導体制から、強大な権限を掌握する特定の権臣による指導体制への変化は、周公・召公・明公らが政務を執った西周前半期の体制への回帰と見ることができる。

英主か暴君か

宣王は西周の中興の主とされるが、その治世を讃《たた》えるのはもっぱら『詩経』の諸詩である。前述のように江漢の詩では、召虎が王命により東南方面の外部勢力である淮夷を討伐したことを讃え、小雅・六月では、吉甫《きつほ》という人物が西北方面の外部勢力である玁狁《けんいん》を討伐したことを讃えている。特に六月では「侵鎬及方、至于涇陽」(〔玁狁が〕鎬〔宗周〕及び方〔金文の

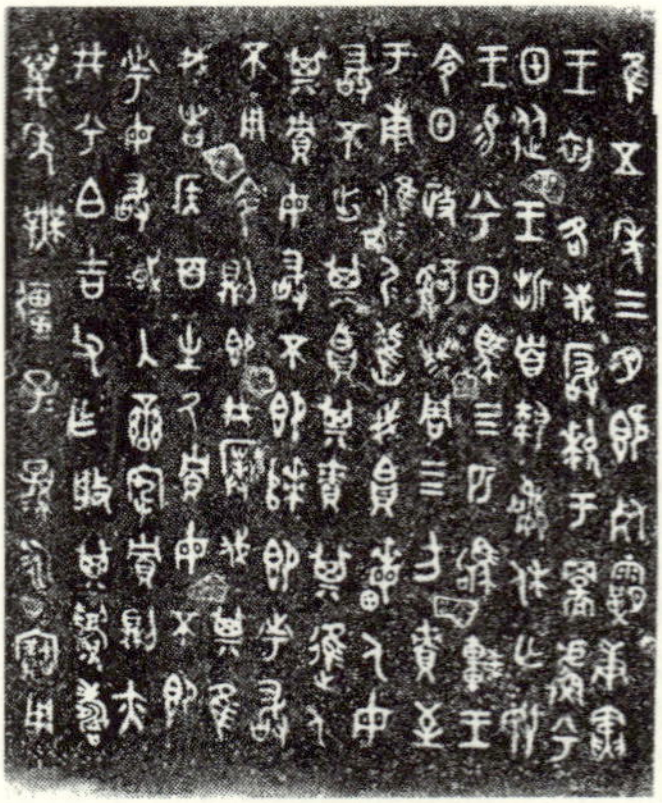

図４－３　〈23兮甲盤〉銘文

莽」を侵し、涇河《けいが》〔渭河の支流〕の北に至った）という句が見え、王都が一時陥落の危機にあったことが読み取れる。その玁狁を撃退したのが吉甫というわけである。

この吉甫は尹吉甫《いんきつほ》とも呼ばれ、当時の有名人だったようである。大雅・崧高《すうこう》と烝民《じょうみん》にはそれぞれ「吉甫作誦」（吉甫がこの詩を作った）という句が見え、これらの詩では吉甫は詩人として、同時期の王臣たちの功業、ひいては自分たちが仕える宣王の治世を誉《ほ》め讃えている。

吉甫はこの時期の金文にもその名が見え、やはり実在が確認される。〈23兮甲盤《けいこうばん》〉（図４－３）の前半部には「隹五年三月既死覇庚寅、王初格伐玁狁于啚𧇩、兮甲従王、折首執訊、休亡敃。王賜兮甲馬四匹・駒車」（五年三月既死覇庚寅の日、王が初めて啚𧇩《ひぎょ》の地に至って玁狁を伐つに、兮甲《けいこう》は王に付き従い、敵の首や捕虜を獲得し、軍功を揚げて失態がなかった。王は兮甲に馬四匹と子馬による馬車を賜った）と、兮甲が王の親征に付き従い、玁狁の討伐に軍功を挙げたことを記し、末尾に「兮伯吉父作盤」（兮伯吉父がこの盤を作った）とあり、作器者兮甲の別名が伯吉父、すなわち『詩経』の吉甫にあたる。伯吉父とは兮甲の後世でいう字《あざな》に相当する呼称である。

この兮甲盤によると、宣王が自ら玁狁征伐に出征しているが、これは軍事王としての性質を取り戻そうとして親征を重ねた父厲王の姿を彷彿《ほうふつ》とさせる。実のところ、中興の主として讃えられる宣王の事績は、暴君とされる厲王の事績と重なり合う部分が多い。「戎」に対して「祀」の部分では、前章で言及したように、冊命儀礼において史官を二名参加させるようになったり、受命者の退出時に玉器を返納する過程が取り入れられたのは宣王の頃のことと見られる。近年の研究によれば、厲王と同様に、宣王も礼制の改革を志向していたようである。

厲王の暴虐の資質も宣王に受け継がれた。宣王の時代の軍事面での功業を伝える『詩経』に対し、『国語』周語上や『史記』では、宣王の暴虐あるいは暗愚な所行を伝える。具体的には、籍田《せきでん》の礼を怠り、臣下に諫められたこと、敗戦により南国の師を失ったことを承け、新兵徴収のために太原《たいげん》の地で人口調査を行おうとして、やはり臣下に諫められたこと、そして魯国の侯位継承に介入し、魯の第九代君主武公《ぶこう》の子のうち長子の括《かつ》ではなく、自分が気に入った末子の戯《ぎ》を太子として立てさせたことなどである。

籍田の礼とは、神霊に供えるための穀物を栽培する専用の農地（これを籍田と呼ぶ）で、王自らが臣下や庶民とともに耕作を行う農耕儀礼である。日本の天皇が新嘗祭《にいなめさい》で供えるための稲を自ら栽培する風習は、おそらくこの籍田の礼に淵源《えんげん》がある。

魯国では武公の死後、戯が懿公《いこう》として即位したが、括の子の伯御《はくぎょ》が懿公を攻め滅ぼして魯侯となると、宣王が親征して伯御を討ち、懿公の弟の称《しょう》を改めて孝公《こうこう》として建てるという事態にまで発展している。

息子を身代わりにしてまで幼き日の宣王を守った召虎だが、彼にとって宣王の治世は果たしてそれだけの価値があったのだろうか。

周王朝を取り戻す

宣王の目標は一体何だったのだろうか。それは父厲王と同じく、西周前半期、草創期・最盛期の頃の周王朝を取り戻すことにあったと考えられる。二人の王が執政団政治にかえて前半期と同様の特定の権臣に政務を執行させる体制を採用したのは、そのあらわれのひとつである。

また、宣王の頃のものとされる文献に、前半期と同様の諸侯封建のことが多く見える。『詩経』崧高には申伯の封建のことをうたい、大雅・韓奕《かんえき》には韓侯の封建についてうたう。金文では、宣王四十二年（前七八六年）の銘とされる〈91四十二年逨鼎《よんじゅうにねんらいてい》〉には、玁狁の征伐を経て長父《ちょうほ》という人物を楊《よう》の地の諸侯として建てたことを記す。これも諸侯封建が多く行われた前半期の諸王の治世を意識した行動である。

先の〈23兮甲盤〉の後半部には、王が兮甲に、成周に集積される四方の貢納物を管理し、特に南淮夷からの貢納物を徴収するよう命じられたことが記されているが、その中に「淮夷旧我帛賄人」（淮夷は元来我が周に布帛を貢納する人々であった）という文辞がある。同じく宣王期の〈47師寰簋《しえんき》〉にも同様に「淮夷旧我帛賄臣」という文辞が見える。淮夷とは現在の淮《わい》河《が》流域に居住していたと見られる外部勢力であり、南淮夷とは淮夷の別称、あるいはその一派である。前半期の金文にはその淮夷が周に従属し、貢納していたという事実は必ずしも見出せないが、宣王期にはそのような「歴史認識」があり、周王朝はその再現をはかったのだろう。

伝世文献・出土文献の双方で確認される厲王・宣王期の積極的な外征は、軍事王としての姿を体現するとともに、外地への諸侯封建や「帛賄《はくわい》の人」淮夷の従属の前提条件を整えるための行動であった。

白川静『詩経』は、この頃に文王・武王による王朝の創始や建国の精神を説く詩篇が多く作られ、以下に引く大雅・文王もそのひとつであると指摘する。

・文王在上、於昭于天。周雖旧邦、其命維新。有周不顕、帝命不時。文王陟降、在帝左右。

文王は天上にあり、(その功績や徳は)天上にも輝いている。周は古い国であるが、新たに天命が降った。周の国は大いにして顕《あきら》かで、上帝の降された天命は大いにして正しい。文王は天上と下界を行き来し、上帝の側に仕えている。

全七章からなる詩で、ここで引いたのは第一章である。「周雖旧邦、其命維新」は「周は旧邦なりと雖《いえど》も、其《そ》の命維《こ》れ新たなり」と訓読され、この句が日本の「明治維新」の語源となった。この詩は文王を祀るための詩とされるが、白川静は共和期の頃に作られた詩であるとし、「其の命維れ新たなり」とは文王の創業のことを言うものではなく、この時期に求められていた復古の精神を示すものであるとしている。

三　西周の滅亡

西周の滅亡の三要因

宣王の子が西周最後の王となる第十二代幽王である。「はしがき」で触れたように、褒姒《ほうじ》を寵愛し、彼女を笑わせるために、何事もないのに敵が来襲したことを示す烽火を上げさせ、何度も諸侯を招集して呆れさせ、後に申侯が犬戎と結んで来襲した時には烽火を上げても救援に来る者がなく、驪山《りざん》（今の陝西省西安市臨潼区。その北麓に始皇帝陵が存在する）の麓で殺害されたという話で知られる王である。

『史記』周本紀に記される話だが、烽火のことはあくまで説話であり、おそらく歴史的な事実ではない。同様の説話が、呂不韋が作らせたとされる『呂氏春秋』の慎行論《しんこうろん》・疑似《ぎじ》篇にも見え、そちらでは烽火ではなく太鼓を打たせて合図としたとあり、最後には死んだ幽王自身が天下の笑い者となったというオチがついている。

西周の滅亡は、幽王の暗愚さのみに責任を負わせられるものではなく、複数の要因が絡み合った結果おこったものである。李峰の『西周的滅亡』では、昭王による南征の挫折後の長期間にわたる周王朝の緩やかな衰退と、厲王の頃からの犬戎、すなわち玁狁の圧迫という二つの背景の中、幽王期におこった政争が西周の滅亡の引き金となったとしている。この三要因のうち、昭王の南征以後の状況については、本書でもこれまで詳しく追ってきた。ここでは李峰の研究を参照しながら、残りの二つ、玁狁の圧迫と当時の政争について見ていくことにしよう。

獫狁との「百年戦争」

周本紀の中で申侯とともに周を攻めた犬戎は、『詩経』や金文に見える獫狁と同じ勢力を指すとされている。また薫育や混夷なども呼ばれたのは、第1章で触れた通りである。この獫狁と周との戦いについて記録した文献が、厲王の頃から増加していく。前節で引用した『詩経』の六月や兮甲盤もそのひとつである。

厲王の頃の〈78多友鼎《たゆうてい》〉には、その獫狁との戦いの過程が詳しく記述されている。次に引用したのは、その冒頭部である。

・唯十月、用獫狁方興広伐京師、告追于王。命武公遣乃元士、羞追于京師。武公命多友率公車、羞追于京師。癸未、戎伐旬、卒俘。多友西追。甲申之晨、搏于𨞛、多友有折首執訊。凡以公車折首二百又□又五人、執訊廿又三人、俘戎車百乗一十又七乗、卒復旬人俘。

十月、獫狁が一斉に蜂起して広く京師《けいし》に侵攻したことにより、追撃を王に上申した。(王は)武公《ぶこう》にその配下を派遣して京師に追撃するよう命じた。武公は多友《たゆう》に武公の戦車を率いて京師に追撃するよう命じた。癸未の日、戎(獫狁)は旬《じゅん》の地を伐ち、(周の兵を)尽《ことごと》く捕虜とした。多友は西方に追撃した。甲申の日の早朝、𨞛《しつ》の地で敵軍を伐ち、多友は敵首と捕虜を得た。武公の戦車を率いて、敵首二百□五人、捕虜二十三人を獲得し、戎の戦車百十七車両を鹵獲し、旬人の捕虜をすべて奪回した。

この銘文では、玁狁が京師に侵攻してきたことを承け、武公が配下の多友に自分の私兵を与えて防衛に当たらせ、玁狁から捕虜を奪回したことを述べる。ここでは京師や旬といった地名が出てくるが、旬は今の陝西省旬邑《じゅんゆう》県を指すとされる。『詩経』の六月で戦場となった涇河の流域の地である。

京師は後世では都を意味する語となるが、曽師や鄂師などと同じく元来は周王朝の軍隊の駐屯地のひとつを指していた。通常は公劉が拠点とした豳《ひん》（今の陝西省彬県・旬邑県の間）に置かれた駐屯地を指すとされるが、あるいは西周後半期の頃には後世の都の意味につながる宗周周辺の「首都圏」を指す用法が生じていたとする説もある。豳地説を採るとしても、玁狁は既に厲王の頃から、宗周にほど近い土地まで侵攻していたということになる。

この銘文では玁狁は戎とも呼ばれているが、彼らはどのような集団だったのだろうか。後世の匈奴《きょうど》やモンゴル族のような騎馬遊牧民とされることも多い。しかしこの銘文では多友が玁狁の戦車を鹵獲したとある。西周前半期の〈61小盂鼎〉に登場した鬼方と同じく、彼らも戦車を用いる集団である。李峰は、玁狁とは当時中国北方に広く分布していた、農耕民と牧畜民の複合集団のひとつであったと位置づけ、生業の面では周の人とそれほど大きな違いはなかったとする。王朝成立以前の周が、農耕と定住を理想とする一方で、「戎狄」のくらしにも馴染んでいたことを思い出していただきたい。彼らは王朝樹立とは違う道を歩んだもうひとつの周とも言うべき存在である。

周と玁狁との主要な戦場は、宗周の西北、涇河の流域一帯であった。犬戎すなわち玁狁は幽王末年に突然周の敵対者として登場したわけではなく、その祖父にあたる厲王の頃から周はいつ玁狁に宗周を攻撃されてもおかしくない状態に置かれていたのである。前引の『詩経』六月に「(玁狁が)鎬(宗周)及び方(莽)を侵し、涇河の北に至った」とあるように、実際に宣王の時代に宗周と莽とが陥落の危機に直面した。厲王初年から幽王の末年まで、諸王の在位期間や共和の政の期間を合わせると計百八年となるが、幽王の敗死は周と玁狁との「百年戦争」の結末と位置づけられる。

「帛賄の人」淮夷との戦い

玁狁との「百年戦争」と並行して、同時期に周の東南地域では淮夷との戦いも発生していた。以下に引く〈02禹鼎《うてい》〉では、鄂侯馭方《がくこうぎょほう》がその淮夷や東夷を率いて周に反乱をおこしたことが記述されている。

・烏虖哀哉、用天降大喪于下国。亦隹鄂侯馭方率南淮夷・東夷広伐南国・東国、至于歴内。王廼命西六師・殷八師曰、「撲伐鄂侯馭方、勿遺寿幼。」肆師弥怵匌恇、弗克伐鄂。肆武公廼遣禹率公戎車百乗・斯馭二百・徒千、……雩禹以武公徒馭至于鄂、敦伐鄂、休獲厥君馭方。肆禹有成。

ああ哀しいかな、天は大きな災いを下界に降された。またも鄂侯馭方が南淮夷・東夷を率いて広く南国・東国に侵攻し、歴内《れきだい》の地に至った。王はそこで西六師・殷八師に「鄂侯馭方を討伐し、老人や子供も一人も残してはならない。」と命じたが、周の軍は敵に怯《おび》え、鄂に勝てなかった。武公はそこで禹《う》を派遣し、武公の戦車百両・車兵二百・歩兵千人を率いさせた。……禹は武公の歩兵・車兵を率いて鄂の地に至り、鄂を伐ち、首尾良くその君馭方を捕らえた。禹には功績があった。

馭方は、第四代昭王による南征の拠点のひとつとなった鄂の地の諸侯であり、〈11鄂侯《がくこう》鼎《てい》〉では南征から帰還の途上にあった周王を饗応し、〈86不其《ふき》簋蓋《きがい》〉では、その作器者不其《ふき》とともに玁狁の征伐にあたっている。そのような人物が淮夷・東夷を率いて大規模な反乱をおこしたのがよほど衝撃的であったのか、この銘文には「ああ哀しいかな、天は大きな災いを下界に降された」とか「老人や子供も一人も残してはならない」といった、他の銘文では見られない異様な言葉が並んでいる。

しかも周の正規軍にあたる西六師・殷八師は鄂侯らの軍に勝つことができず、鄂侯馭方を捕らえたのは、〈78多友鼎〉の場合と同様に、武公の私兵を率いたその配下の禹であった。武公は〈90毛公鼎〉の毛公厝らと同じく邦君出身の権臣の一人として、当時の周王朝の軍事を掌握していた。彼は邢国の出身であると見られ、前章で登場した司馬邢伯親の子孫の可能性もある。

なお、鄂国については、二〇一二年に河南省南陽《なんよう》市夏餉《かしょう》鋪《ほ》村で西周後半期から春秋期にかけての鄂侯の墓地が発見されている。この時の敗戦によって、鄂国が湖北省随州市の安居羊子山より当地に移されたのかもしれない。

淮夷が鄂侯馭方の反乱に同調したのは、周の側からの「帛賄の人」としての立場の押しつけに反発したからだろう。玁狁に加えて淮夷との戦いは着実に周王朝の軍事力を疲弊させ、時として武公のような権臣の力を借りないと対処できないようになっていたのである。

その一方で、厲王・宣王は前節までに見たように親征を行っていたわけであるが、その親征も先の〈67晋侯蘇鐘〉で晋侯が厲王に従って出征していたように、晋侯のような諸侯や、武公のような権臣の軍事力をあてこんだものであったのかもしれない。

幽王の死

『国語』周語上及び『史記』周本紀には、幽王の二年に、宗周の周辺の涇河・渭河・洛河の三川の流域で大地震が発生し、三川の水が涸《か》れ、岐山が崩落したとある。

この災害について『詩経』小雅・十月之交《じゅうがつしこう》にも記載があり、こちらでは「十月之交、朔月辛卯。日有食之、亦孔之醜」（十月の日月が相交わったのは、朔日《さくじつ》にあたる辛卯《しんぼう》の日。日食がおこり、〔人々は不吉であると〕これをひどく憎んだ）と、それに先立って日食がおこり、人々が不安視したと伝える。この日食の年月については諸説あるが、古天文学の斉藤国治《さいとうくにじ》（一九一三〜二〇〇三年）・小沢賢二の研究を参照すると、「十月」が「七月」の誤記であるとすれば（古文字の「七」字は今の「十」字と字形が近く、混同されやすい）、この日食は幽王の元年におこったということになるようである。

この十月之交では当時の権臣として、「皇父卿士、番維司徒、家伯維宰、仲允膳夫、棸子内史、蹶維趣馬、楀維師氏、豔妻煽方処」（皇父《こうほ》は卿士で、番《ばん》は司徒、家伯《かはく》は宰、仲允《ちゅういん》は膳夫《ぜんふ》、棸子《しゅうし》は内史、蹶《けい》は走馬、楀《く》は師氏であり、美しき王妃〔褒姒を指す〕の寵愛が厚い時に彼らは位にあった）と、卿士の地位にあった皇父の名前を挙げている。司徒の番や宰の家伯といった人物は、当時の諸官の長の中で皇父を支持していた人々である。

この皇父は、李峰『西周的滅亡』では、当時の金文〈15函皇父鼎《かんこうほてい》〉（また同銘の簋がある）

などに名前が見える函皇父《かんこうほ》に比定している。皇父はまた十月之交の中で、「皇父孔聖、作都于向。択三有事、亶侯多蔵。不憖遺一老、俾守我王。択有車馬、以居徂向」(皇父は非常に賢明で、向《しょう》の地に都を作った。司徒・司馬・司空の三有司を選んだが、財貨を貯め込む俗物ばかり。我が王を守るために、一人の老臣も残さなかった。車馬を有する富民を選び、家ごと向に赴かせた)と、幽王を置き去りにする形で取り巻きたちとともに、成周の附近の向(今の河南省済源《せいげん》市の西南)へと遷都を敢行したとある。ただ、これは遷都というよりは、皇父が幽王と対立し、周王朝の首脳が宗周の幽王派と向の皇父派とに分裂したことを示す。

李峰は、その対立の原因を幽王の後継問題に求める。『史記』周本紀によると、幽王は当初申后《しんこう》との間に生まれた宜臼《ぎきゅう》、すなわち東周初代となる平王を太子としていたが、後に褒姒を寵愛するようになると、申后に替えて彼女を后に立て、彼女との間に生まれた伯服《はくふく》を宜臼に替えて太子としようとした(図4-4を参照)。李氏はこの時に皇父の一派が宜臼を支持したのではないかと推測する。

しかし周本紀に幽王が後に寵臣の虢石父《かくせきほ》を卿(卿士)としたとあることからすると、皇父が政争に敗れ、卿士の地位を追われたようである。周本紀によると、申后と宜臼もその地位を追われ、それに怒った申后の父の申侯が繒《そう》国及び犬戎と結び、驪山の麓で幽王を殺害した。烽火を上げても救援に駆けつける者がなかったという話はこの時のことである。幽王の死はその在位十一年、西暦では前七七一年のこととされる。

幽王の後継問題については古本『竹書紀年』や〈清華簡〉『繋年』第二章にも触れられているが、伯服の名はこれらの文献では伯盤《はくばん》となっている。盤字はもと般と書き、古文字ではこの般字と服字の字形が近いことから誤ったのだろうとされている。

古本『竹書紀年』では、「平王奔西申、而立伯盤以為太子」（平王は西申《せいしん》〔母の実家の申国〕へと亡命し、伯盤を太子に立てた）、「伯盤与幽王倶死於戯。先是、申侯・魯侯及許文公立平王於申、以本大子、故称天王」（伯盤と幽王がともに戯《ぎ》〔驪山周辺の地〕で死んだ。これに先だって、申侯・魯侯及び許《きょ》の文公《ぶんこう》が平王を申の地で擁立しており、もとの太子であるので、天王《てんおう》と称した）とある。幽王と伯盤がなぜ死んだか詳細を記さず、幽王の死と申侯らの平王擁立を別個の事件として扱っているようである。

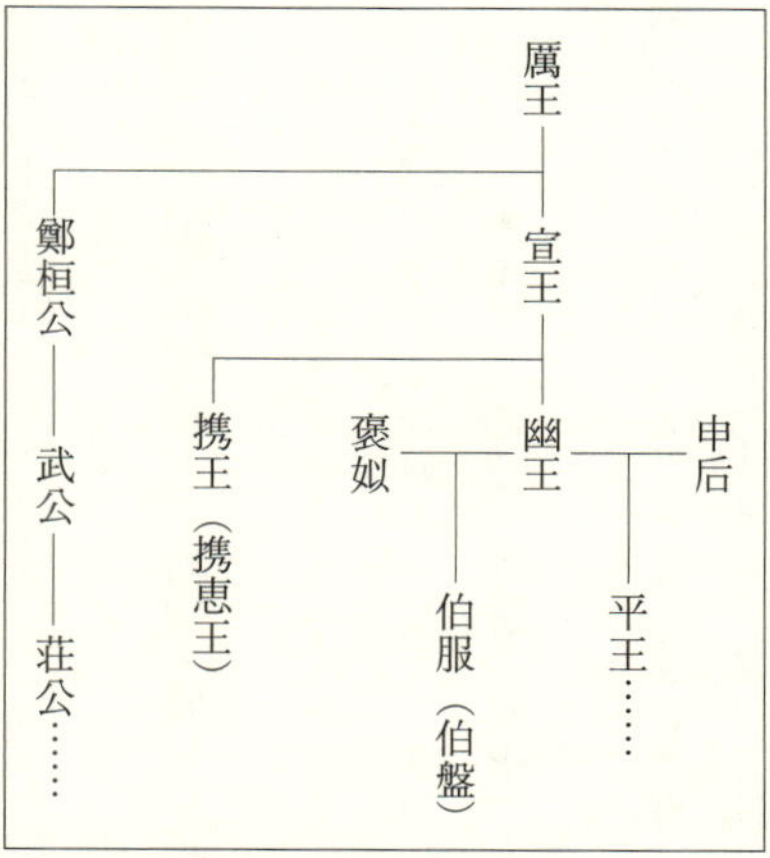

図４－４　西周末の王室系図

『繋年』では、「幽王起師、囲平王于西申、申人弗畀。繒人乃降西戎、以攻幽王、幽王及伯盤乃滅。周乃滅」（幽王は軍を発し、〔亡命した〕平王を西申で包囲したが、申国の人は〔平王の身柄を幽王に〕引き渡さなかった。繒国の人が西戎〔玁狁〕に降伏して、幽王を攻め、幽王及び伯盤が滅んだ。周はこうして滅んだ〕とあり、やはり幽王と申国との対立と、繒国・玁狁が幽王を攻めたことを直接関連づけていない。繒は文献によって鄫《そう》とも表記されるが、この繒国がどういう事情で玁狁に降ったのかはよくわからない。

また、この文では幽王が伯盤と申国に親征したのか、あるいは軍を派遣して自らは宗周にいたのかも不明である。親征したとすれば、帰還の途上、おそらく宗周にほど近い地点で玁狁に襲撃されたということになり、親征していないのなら、申国へと軍を派遣して宗周の防備が手薄になったところを玁狁に襲撃されたということになる。

吉本道雅によれば、後継をめぐる幽王と申国との対立と、玁狁の攻撃による幽王の死とは、本来別個の事件であった。ところが、だんだんと『史記』周本紀に見えるような形で、申侯が犬戎や繒国と連合して幽王を攻めたという具合に、ひとつの事件として結びつけられていったという。

『繫年』では幽王と伯盤の死により周が滅亡したとしている。周王朝はここで一旦滅んだのである。玁狁の圧迫による滅亡は避けられなかったとしても、平王と伯服（伯盤）との後継争いがなければ、滅亡の時期はもう少し先延ばしできたのかもしれない。

実はここで引用した古本『竹書紀年』と『繫年』第二章は続けて「西周の滅亡」直後の状況も語っているのだが、それについては章を改めて見ていくことにしよう。

第５章

周室既に卑し

春秋期

一　周の東遷

二人の王

一般的には幽王の死をもって、西周期から東周期の前半部分にあたる春秋期に移るとされるが、序章で確認したように、吉本道雅は幽王の死の翌年の紀元前七七〇年から、春秋期の呼称の由来となった『春秋』の記述が始まる前七二二年までを、東遷期と位置づけている。また、『史記』周本紀では幽王の死後、ただちに諸侯が東周初代の平王を擁立し、犬戎を避けるために洛邑（成周）に東遷したとあるが、実は平王の擁立も東遷もそうすんなりと進められたわけではない。

前章で引用した古本『竹書紀年』の「伯盤と幽王がともに戯で死んだ。これに先だって、申侯・魯侯及び許の文公が平王を申の地で擁立しており、もとの太子であるので、天王と称した」の続きの部分には、「幽王既死、而虢公翰又立王子余臣於携。周二王並立」（幽王が死ぬと、虢公翰《かくこうかん》はまた王子余臣《おうじよしん》を携《けい》の地で擁立した。周では二王が並立した）とあり、幽王の死後、携の地で虢公翰に擁立された余臣すなわち携王《けいおう》と、申の地で申侯らに擁立された平王の、二人の王が並立していたと述べる。虢公翰については、幽王の寵臣虢石父と同一人物とする説もある。

携王のことは『春秋左氏伝』昭公二十六年でも触れられているので、『史記』周本紀が携王について言及していないのは、いささか不審である。そして古本『竹書紀年』では「二十一年、携王為晋文侯所殺」（二十一年、携王が晋の文侯《ぶんこう》に殺害された）とあり、携王が晋の第十一代君主文侯（覇者となった文公重耳《ちょうじ》とは別人である。図５－４の系図を参照）に殺害されたことにより、王統が平王に一本化されたことになる。この「二十一年」というのは後に見るように、携王の在位年を示す。

携王のことは、〈清華簡〉『繫年』第二章にも見える。やはり前章で引用したものの続きの部分である（図５－１）。

・邦君・諸正乃立幽王之弟余臣于虢、是携恵王。立廿又一年、晋文侯仇乃殺恵王于虢。周亡王九年、邦君・諸侯焉始不朝于周。晋文侯乃逆平王于少鄂、立之于京師。三年、乃東徙、止于成周。

邦君と諸官の長はそこで幽王の弟余臣を虢の地で擁立した。携の恵王《けいおう》である。即位から二十一年、晋の文侯仇《きゅう》が恵王を虢の地で殺害した。周に王のない状態が九年続き、邦君・諸侯はここにようやく周に朝見しないようになった。晋の文侯はそこで平王を少鄂《しょうがく》の地に迎え、京師に擁立した。（平王の）三年、東遷し、成周の地に留まった。

図5－1〈清華簡〉『繫年』第八簡（部分）

これにより携王が幽王の弟であったことが判明する（図4－4の系図を参照）。しかし擁立されたのは携ではなく、虢の地である。おそらく古本『竹書紀年』に見える虢公翰の領地である。携とは地名ではなく、諡号であるとする説もある。『繫年』に見える「携恵王」という号も、あるいは後の秦の昭襄王《しょうじょうおう》のような二字の諡号かもしれない。彼を擁立した「邦君・諸正」は、金文、たとえば第2章で引いた〈17義盉蓋〉に見える邦君及び正と同じである。前章で登場した毛公厝・武公・皇父といった権臣たちや、虢公翰ないしは虢石父も邦君の範疇《はんちゅう》に入る。

その携王も在位二十一年にして殺害され、周は九年間王のいない状態が続く。これは幽王の死から数えて九年間を指すという説もあるが、吉本道雅らが指摘するように、『繫年』の文を素直に読めば携王の死から数えてということになる。仕えるべき王がいないということで邦君・諸侯が周に朝見しなくなり、王朝が瓦解した状態にあったということである。

携王の死から平王の即位まで九年もかかっているのは、「邦君・諸正」が、幽王に後継者としての地位を否認されたという経緯があるうえに、携王を殺害した晋の文侯が支持しているということで、平王に対して相当に強い抵抗感を持っていたということを示しているのかもしれない。そもそも虢公翰ら「邦君・諸正」が携王を擁立したのも、何としても平王を王として認めたくないという心情があったからではないだろうか。

ただ、この『繫年』の記述は、幽王の死に先んじて申の地で平王が即位し、携王とともに二王並立の状態にあったとする古本『竹書紀年』の記述と食い違っているが、どちらが正しいのかはわからない。

東遷の年代と地点

平王が最初に迎えられた少鄂と、その後王として立てられた京師がどの地にあたるかについては諸説あるが、ここでは少鄂を晋国の鄂（今の山西省郷寧《きょうねい》県）、京師を周の都宗周と見ておく。平王は中国から晋国に迎えられた後に、宗周で即位し、その三年後に成周（洛邑）へと東遷したということになる。

従来は、平王による東遷は幽王の死の翌年、西暦では前七七〇年のこととされてきたが、仮に『繫年』の記述に従うとすれば、東遷は二十一年在位した携王の殺害の九年後の、その更に三年後となるので、前七三八年のこととなる。ただ、ここではなぜ成周に移らなければならなかったのかという理由は語られない。

東遷の地も、正確には西周期の成周の中心地からやや離れた、漢代の河南県城の区域に相当する王城であるとされる（図1－8を参照）。洛陽市内の当時の王城にあたる区域で、東周期の城壁跡や、宮殿区と見られる建築遺構、陵墓、車馬坑《しゃばこう》などが発見されている。第1章で言及したように、成周と王城の関係については議論があるが、東周の諸王の拠点が西周期の成周の中心地から離れていたことにより、東遷以後に、王の宮城の所在を示す王城という呼称が用いられるようになり、地名のようになっていったのではないかと、筆者は考えている。

東遷のことは『繫年』第三章にも言及されており、「周室既卑、周王東遷、止于成周」（周の王室が衰えると、周王は東遷し、成周に留まった）とある。原文の「周室既卑」は幽王の死後の周王朝あるいは周王室の衰退を示す言い回しであり、伝世文献や、第2章で引用した〈72曽侯腆鐘〉にも類似の表現が見える。東周期は「周室既に卑《ひく》く」なった時代なのである。

邦君から諸侯へ

周王とともに、王畿内に采邑を持つ邦君も東遷を行った。その代表的な例が鄭《てい》の桓公《かんこう》である。『史記』鄭世家によると、桓公は名を友《ゆう》といい、西周第十代厲王の末子、すなわち宣王の弟にあたる（図4－4の系図を参照）。あるいは厲王の子ではなく宣王の子とする説もある。彼は当初今の陝西省華県《か》にあたる鄭の地に采邑を有していたとされる。この鄭地は伝世文献では西周第五代の穆王が所在した土地とされ、西周金文でも王の所在地や、臣下の領地としてしばしばその名が見える。

『国語』鄭語《ていご》や『史記』鄭世家では、桓公はまた幽王の時代に王朝の司徒となったとある。彼は元来諸侯ではなく、〈清華簡〉『繫年』に言う「邦君・諸正」に属する人物だったのである。

その桓公が王室の没落を承けて陝西省華県から、今の河南省新鄭《しんてい》市にあたる地へと東遷した（以下、春秋期の地名は図5－2を参照）。鄭伯《ていはく》すなわち鄭の君主の地位は、初代の桓公から子の武公、孫の荘公へと受け継がれていく。『左伝』隠公《いんこう》三年（紀元前七二〇年）には「鄭武公・荘公為平王卿士。王弍于虢、鄭伯怨王」（鄭の武公・荘公は平王の卿士となった。王が虢に接近したので、鄭伯は王を怨むようになった）とある。三代目荘公の頃までは、鄭の君主は

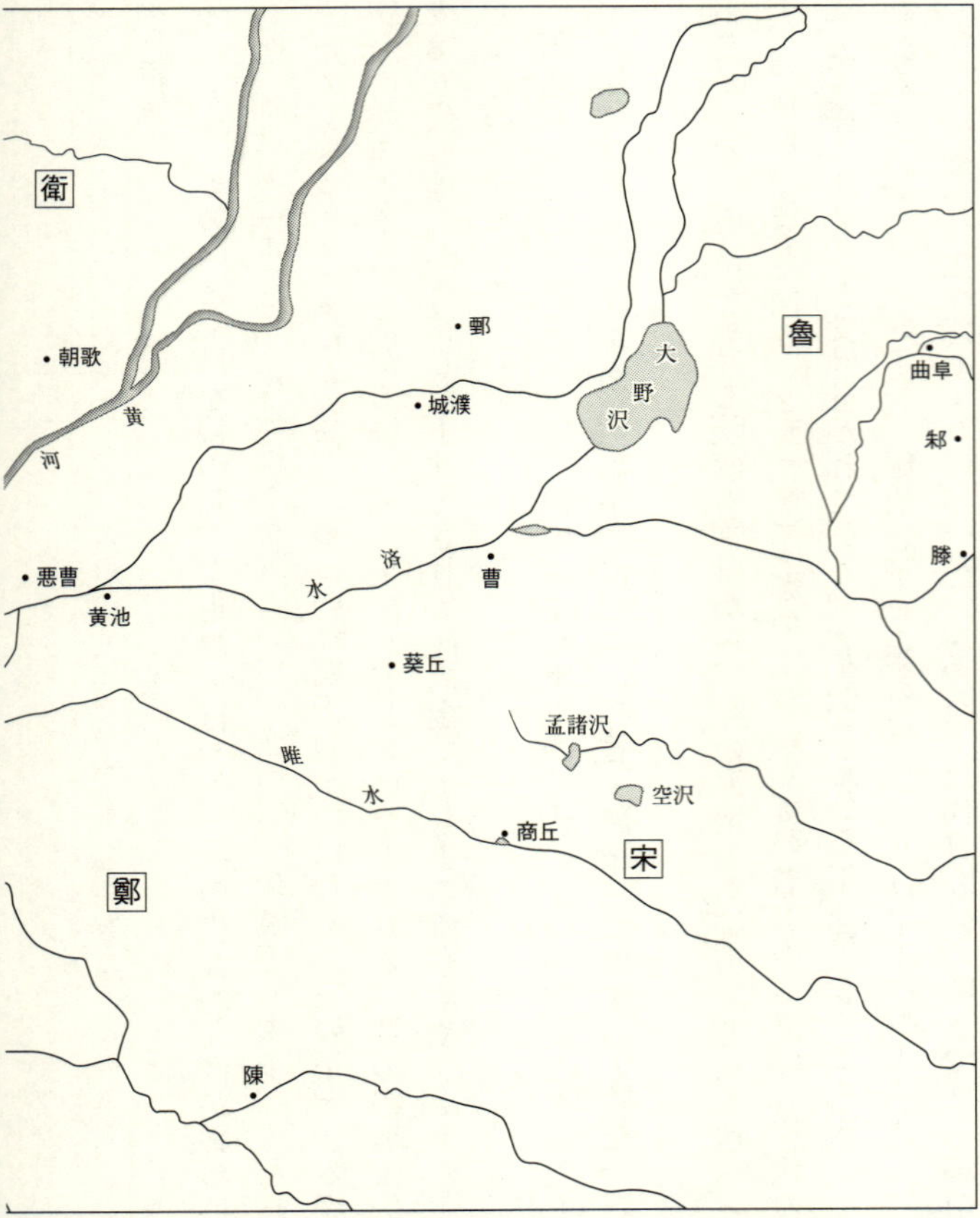
衛
魯
宋
鄭
黄
河
朝歌
鄄
城濮
大
野
沢
曲阜
郝
滕
済
水
悪曹
黄池
曹
葵丘
孟諸沢
睢
水
空沢
商丘
陳

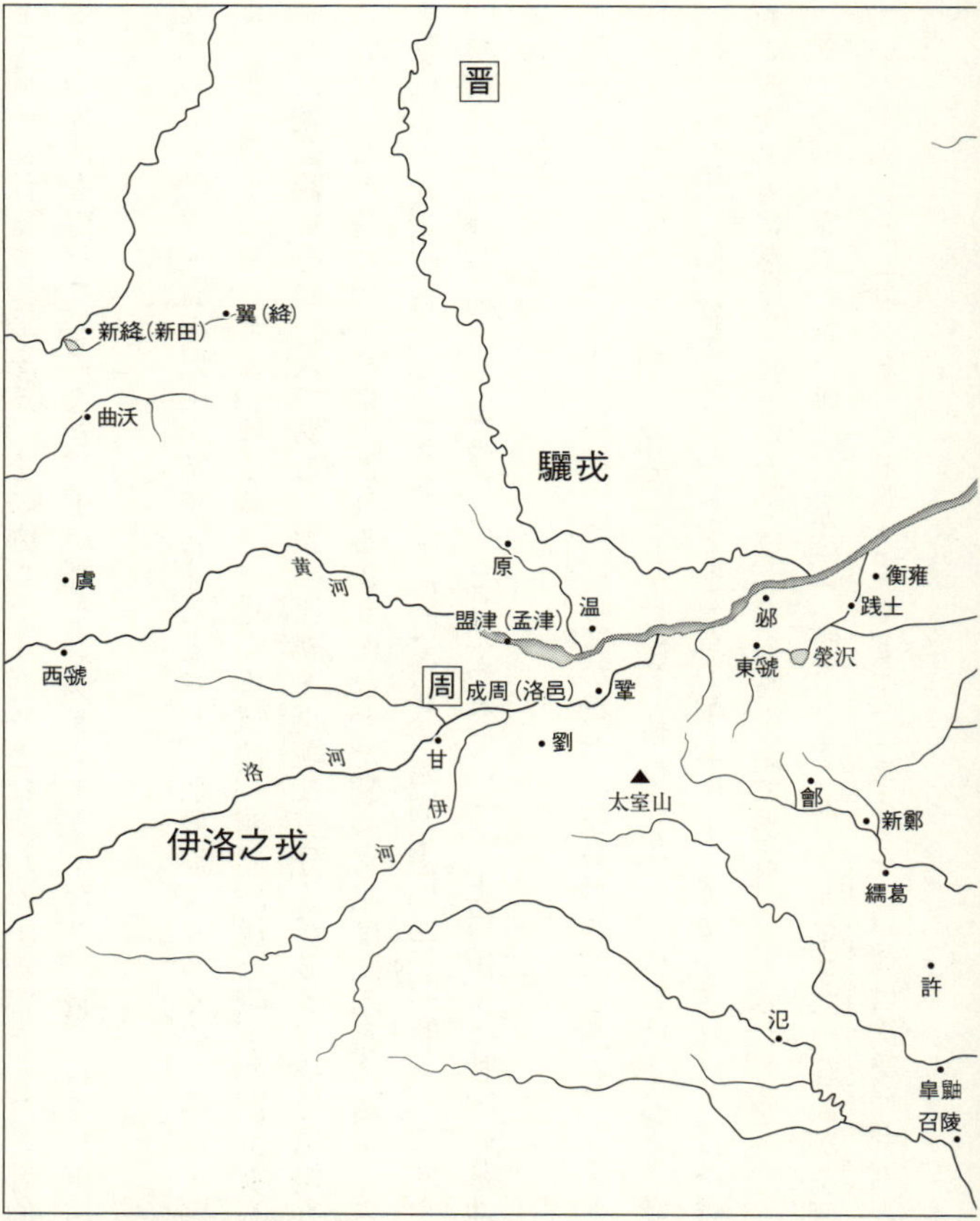

図5－2　春秋期中原区域地図

邦君として周王に仕えたのである。その鄭のライバルとなったのが虢であった。鄭伯が父子二代で卿士の地位を得たことにより、王が鄭を警戒するようになり、虢の君主を重用し始めた。

虢は文王の弟の虢仲・虢叔兄弟を始祖とするとされ、西周期より多くの「邦君・諸正」を輩出した。第3章で引用した〈43柞伯鼎〉に見える虢仲、西周最後の幽王の寵臣虢石父、携王を擁立した虢公翰もその一人である。虢は西虢《せいかく》・東虢《とうかく》など分族が多く、その領地も各地に分散していた。この時に周王に重用されるようになった虢の君主は、西虢の君主とされ、もと現在の陝西省宝鶏《ほうけい》市附近に采邑を有していたのが、西周末に、三門峡《さんもんきょう》ダムで知られる河南省三門峡市の上村嶺《じょうそんれい》の地へと東遷したと考えられている。上村嶺では虢国の墓地や車馬坑などが発見されている。

『左伝』隠公八年（前七一五年）には、虢公忌父《かくこうきほ》が卿士に任命されたとある。以後も虢の君主は諸侯としてではなく周王朝の邦君として行動し続けるが、『左伝』によると、虢国は僖《き》公《こう》五年（前六五五年）に、覇者文公の父である晋の献公《けんこう》によって滅ぼされた。晋が虞《ぐ》に道を借りて虢と虞をともに滅ぼしたというのは、この時の話である。

一方、卿士の地位を追われた鄭は、『左伝』隠公九年（前七一四年）には荘公が左卿士《さけいし》に任じられていたとあるが（虢公忌父が右卿士ということであろう）、以後は次第に邦君というよりは諸侯のようになっていく。

そして桓公五年（前七〇七年）に見える繻葛《じゅかつ》の戦いで、周公黒肩《しゅうこうこくけん》（周公旦との血縁関係は不明）及び虢公林父《かくこうりんほ》、そして彼らの率いる蔡・衛・陳三ヶ国の軍とともに親征した東周第二代の桓王《かんおう》を、荘公が打ち破るなど強勢を誇るようになる。そのさまは後代の学者によって「小覇《しょうは》」と表現されている。鄭は覇者のさきがけとなる存在と見なされているのである。〈清華簡〉『繫年』第二章では、その父の武公についても「鄭武公亦政東方之諸侯」（鄭の武公も東方の諸侯の長となった）とある。

なお、繻葛の戦いで蔡・衛・陳の三諸侯が邦君にあたる周公黒肩・虢公林父に率いられているのは、〈43柞伯鼎〉で、邦君・諸正にあたる柞伯が蔡侯を指図しているのと同じことで、戦時には邦君・諸正が諸侯を指揮するという西周期以来の伝統がこの時なお堅持されていたことを示す。

それはともかくとして、終始邦君として行動し続けた虢は早い時期に滅び、邦君から諸侯のような存在へとなっていった鄭は、戦国期に韓に滅ぼされるまで存続した。世を動かす中心は周王や邦君から諸侯へと移っていったのである。それにともない、邦君が諸侯と異なる存在であったことが次第に忘れられていき、邦君あるいは国君（漢代以後は初代皇帝劉邦の名を避け、邦に替えて国の字が用いられるようになった）は、諸侯の同義語とされるようになった。

一方で、鄭の君主が元来邦君であったことを示すなごりがある。その爵位である。諸侯は晋侯・魯侯などのように通常は侯の爵位を有するが、鄭の君主は鄭侯ではなく鄭伯と称している。西周期には邦君・諸正は司馬邢伯親や虢仲のように、分族時の兄弟順などに応じて伯・仲・叔・季の号で称された。鄭伯の伯号も邢伯の伯などと同様のものであると考えられている。

小伯から覇者へ

荘公の時代の鄭とともに台頭した国がある。斉である。『左伝』桓公十一年（前七〇一年）に「春、斉・衛・鄭・宋盟于悪曹」（春に、斉・衛・鄭・宋が悪曹《おそう》〔今の河南省延津県《えんしんけん》〕で盟を行った）とあるが、このように春秋期には有力諸侯を中心として、諸侯同士で同盟関係が結ばれるようになった。

悪曹の盟の時の斉侯は、太公望から数えて第十三代となる僖公《きこう》であるが、『国語』鄭語では「斉荘僖於是乎小伯」（斉の荘公《そうこう》と僖公はそこで小伯《しょうは》となった）と、父親の荘公とともども「小伯」とされている（図5-3の系図を参照）。この場合の伯は覇者の覇の意味で用いられている。春秋期には鄭の荘公や斉の僖公のような有力諸侯が同盟関係の統合者としての役割を果たすようになった。

鄭は荘公の死後、後継争いによって衰退していったが、斉の小伯としての地位は僖公からその子の襄公《じょうこう》、更にその弟の桓公《かんこう》へと受け継がれていった。吉本道雅が指摘するように、斉の桓公の覇業は彼一代で突発的に成立したものではなく、父祖から受け継がれた小伯の地位を基礎として成立したものだったのである。

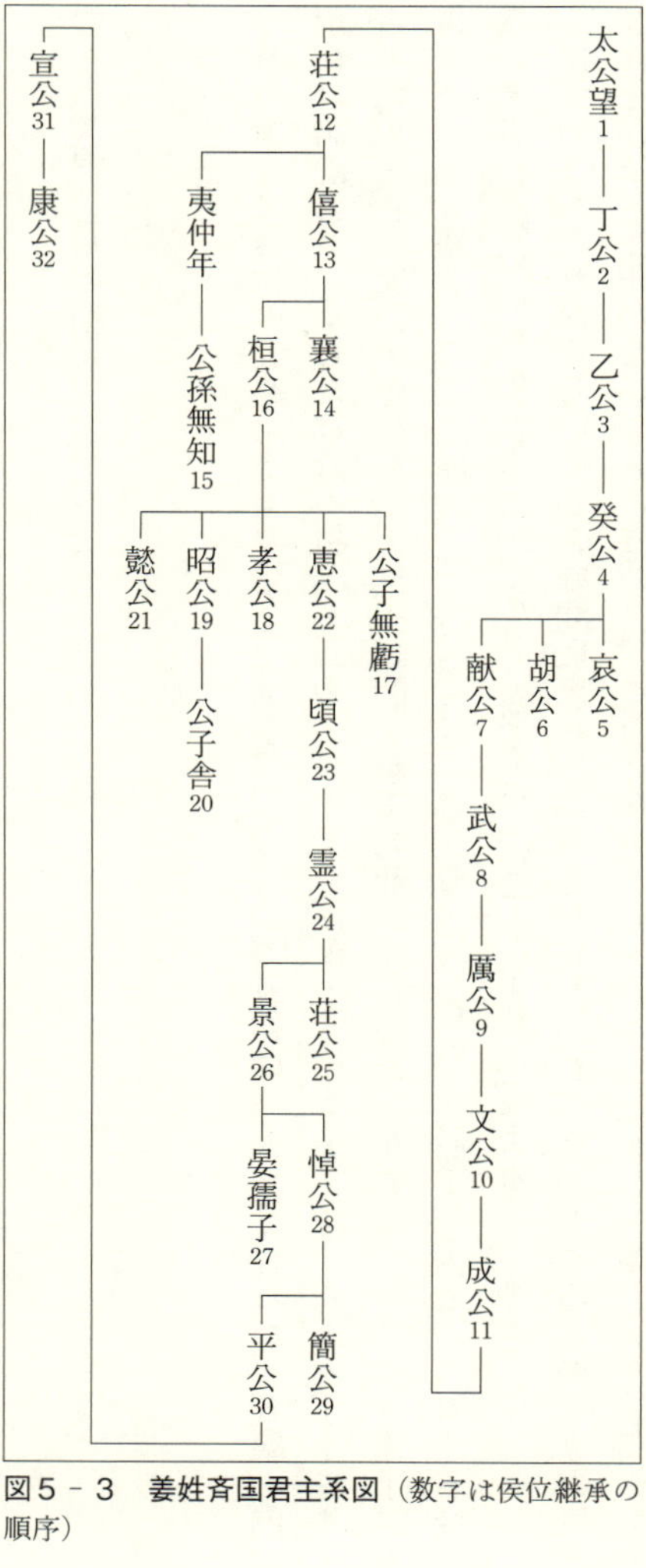

図5－3　姜姓斉国君主系図（数字は侯位継承の順序）

二　覇者、斉の桓公と晋の文公

春秋の五覇

斉の桓公は春秋の五覇（あるいは五伯《ごは》とも表記される）の最初の一人とされるが、五覇の内訳には諸説ある。たとえば斉の桓公・晋の文公・秦の穆公《ぼくこう》・宋の襄公《じょうこう》・楚の荘王《そうおう》とする説や、斉の桓公・晋の文公・楚の荘王・呉王闔閭《こうりょ》・越王勾践《こうせん》とする説などがある。前者は『孟子』告子《こくし》下の「五覇者、三王之罪人也」（五覇とは、夏・殷・周三代の王の罪人である）に対する後漢の学者趙岐《ちょうき》の注釈に見える説であり、後者は『荀子《じゅんし》』王覇《おうは》に見える説である。

諸説のうちどれが正しいのかと疑問に思われるかもしれないが、実のところそのような疑問はそれほど意味がない。というのは、実際に覇者が五人存在したから五覇という言葉ができたのではなく、逆に、まず最初に五覇という言葉ができ、それから五覇とは誰を指すかという議論が生じたのではないかと疑われるからである。

中国の古典には、ほかにも三皇五帝・五穀・五嶽四瀆《ごがくしとく》（中国の代表的な名山と河川）など、この種の表現が多く存在する。第1章で取り上げた三監もそのひとつである。

しかしどの説においても、斉の桓公と晋の文公は必ず五覇の中に数えられている。ここでも春秋時代の覇者について、桓公と文公を中心に見ていくことにしよう。

斉の桓公と楚

斉の桓公が覇者と目されるようになったのは、紀元前六七九年のことである。この年、すなわち魯の荘公十五年の『春秋』では桓公が宋・陳・衛・鄭の君主と鄄《けん》の地（今の山東省鄄《けん》城《じょう》県）で会したとあり、同年の『左伝』では、「春、復会焉、斉始覇也」（春に、前年に引き続いて再び（鄄で）会を行い、斉が初めて覇者となった）とある。斉は宋・陳・衛・鄭といった、東周の都洛邑より東に位置する東方諸侯の指導者として認められるようになったのである。

その斉の前に立ちはだかったのが、南方の楚であった。楚の君主については、『史記』楚《そ》世《せい》家《か》では、その祖先の一人である鬻熊《いくゆう》が周の文王に仕えたとあるが、周原甲骨に「楚子」「楚伯」といった号が見え（周原H一一：八三及びH一一：一四）、殷末周初の頃から周と何らかの往来があったことがわかる。そして第2章で見たように、西周第四代の昭王の南征を受けることとなった。

西周後半期の第十代厲王と次の宣王の頃に再び周やその他の諸侯と接触を持つようになったようで、西周期の晋侯の墓地である山西省の北趙晋侯墓地第六四号墓（晋の第九代君主穆《ぼく》侯《こう》の墓とされる）より〈75楚公逆鐘《そこうげきしょう》〉が出土し、また陝西省召陳《しょうちん》村、すなわち周原の範囲内の窖蔵から〈74楚公冢鐘《そこうかしょう》〉が出土している。それぞれ戦争での略奪、あるいは平和的な贈答によって、晋侯及び周王あるいは邦君などの手に渡ったものであろう。一般的に、楚世家に見える楚の君主の中で、楚公逆は熊咢《ゆうがく》から数えて十七代目の熊咢、楚公冢はその子の若敖熊儀《じゃくごうゆうぎ》に比定される。

それぞれ「楚公」と自称しているが、楚世家では春秋期に入って第二十一代の武王の代から周王朝より自立して王号を称するようになったとされる。ただ、吉本道雅は、『韓非子《かんぴし》』和氏《かし》篇に武王の先代（あるいは先々代）の蚡冒《ふんぼう》にあたる人物を厲王《れいおう》と称していることから、実際には東遷期の君主若敖の頃から王号を称していたのではないかと考証している。

そして春秋期に楚が北方に進出するようになり、斉と楚の間に位置する陳・蔡などの諸国を圧迫し、更には鄭に侵攻するようになる。斉の桓公は楚に攻められた鄭への救援のため、前六五六年に魯・宋・陳・衛・鄭・許《きょ》・曹《そう》の諸国とともに、まず楚の側についたと思われる蔡を討ち、ついで楚に進撃し、召陵《しょうりょう》の地（今の河南省漯河《とうが》市郾城《えんじょう》区）で楚と講和の盟を取り交わした。これが召陵の盟である。

『左伝』僖公《きこう》四年（前六五六年）によると、この楚との戦いの際に、楚王の使者と斉の桓公を輔佐する管仲《かんちゅう》との間で問答が取り交わされている。楚側が斉などの諸国が楚に攻め入ったのはなぜかと詰問すると、管仲は「昔召康公命我先君大公曰、『五侯九伯、女実征之、以夾輔周室』」（昔召の康公《こうこう》〔召公奭《せき》〕は我が先君太公望に命じて言われた。「五侯九伯《ごこうきゅうはく》、汝はその長となり、それによって周室を輔佐せよ」）と、斉の初代太公望が召公奭より認可された権限にもとづき、楚を咎《とが》めに来たのであると反論する。

そして今度は逆に楚側に対して、周王が祭祀に用いるための苞茅《ほうぼう》（茅《ちがや》の束）を貢納しないことと、その昔周の昭王が南征より戻らなかったことを詰問している。苞茅の貢納を楚の義務としているのは、同じく南方に居住し、西周期に周より「帛賄の人」と見なされていた淮夷のイメージを楚に重ねているのだろう。楚側はこれに対して、苞茅の貢納を怠ったことについては謝罪しつつも、昭王が戻らなかったことについては、「君其問諸水浜」（〔昭王が水死した〕川辺に問え」）と反論している。

この頃には、西周の故事が諸侯にとってこのような論争で用いられるべき典拠となっていたのである。

なお、斉が五侯九伯の長となるよう命じられたことを示す同時代の史料は存在せず、また五侯九伯が具体的に何を指すかはよくわからない。これも前述した三皇五帝の類の語なのであろう。

文武の胙

そして前六五一年に行われた葵丘《ききゅう》の盟で、斉の桓公の威信は絶頂に達する。『左伝』僖公九年によると、この時に「王使宰孔賜斉侯胙、曰、『天子有事于文・武、使孔賜伯舅胙』」（王は宰孔を派遣して斉侯に胙《ひもろぎ》を下賜させた。〔宰孔が〕言うには、「天子は文王・武王への祭祀を執り行われ、私孔に、伯舅《はくきゅう》〔斉侯〕へと胙を下賜させたのである」）と、東周第六代の襄王《じょうおう》から桓公のもとに使者が派遣され、文王・武王の祭祀に供された祭肉、すなわち「文武の胙《そ》」を賜与している。

第1章で確認したように、豊田久の研究によれば、周王は即位時にまず文王の事績を示す「天命の膺受《ようじゅ》」者としての天子の地位を継承し、ついで武王の事績を示す「四方の匍有《ほゆう》」者としての王の地位を継承するとのことであった。

豊田氏は更にこの自論を基礎として、桓公への「文武の胙」の賜与は、周王の持つこの二つの役割、特に後者の、周の領域内に封地を持つ四方の諸侯を統轄する「四方の匍有」者としての役割を桓公に代行させ、彼を周王朝の保護者として位置づけたのであるとする。これによって桓公は諸侯のみならず周王朝からも覇者として権威が認められたということになるが、その際に引き合いに出されたのは文王・武王以来の周の伝統なのであった。

しかしその斉も、桓公の死後に彼の息子たちによる後継者争いがおこり、覇権を失うこととなる。覇者の地位は晋の文公の手へと渡る。

晋の文公と周王朝

晋は西周第二代の成王の弟唐叔虞《とうしゅくぐ》を始祖とするとされるが、春秋期の〈65晋公盦《しんこうあん》〉に「晋公曰、『我皇祖唐公膺受大命、左右武王』」（晋公が言うには、「我が皇祖唐公《とうこう》は大命を受け、武王を輔佐した）とあるのをふまえ、吉本道雅は、唐叔虞（銘文中の唐公）は初代の武王と同世代で、武王の弟にあたるのではないかとする。ただ、第1章で言及したように、成王が即位時に若年であっても幼少ではなかった可能性があることからすると、唐叔虞についても同様の可能性がある。若年にして父の武王を輔佐したということだろう（以下、晋侯の系譜については図5－4を参照）。

そして前章で見たように、西周第十代厲王の時代には晋侯蘇すなわち晋の献侯が王の親征に参加し、厲王が王位を追われるとその晋の彘《てい》の地に亡命し、東遷期には晋の文侯が平王を支持し、携王を殺害した。吉本道雅が指摘するように、晋国は厲王の頃からの「勤王」の伝統を持っていたのである。これが晋覇の「尊王攘夷」の基礎となった。

晋では翼《よく》の地（今の山西省翼城《よくじょう》県）を本拠とする文侯の子孫の宗家と、文侯の弟桓叔《かんしゅく》を祖とし、曲沃《きょくよく》（今の山西省曲沃県）を本拠とする分家とが対立していたが、曲沃の武公《ぶこう》の代に翼の側を滅ぼし、前六七八年に東周第四代の僖王《きおう》は武公を晋侯として公認した。

　翼の側の宗家が文侯など謚号で侯号を称しているのに対し、曲沃側の君主は武公をはじめとして公号を称している。金文においても、〈67晋侯蘇鐘〉をはじめとする北趙晋侯墓地出

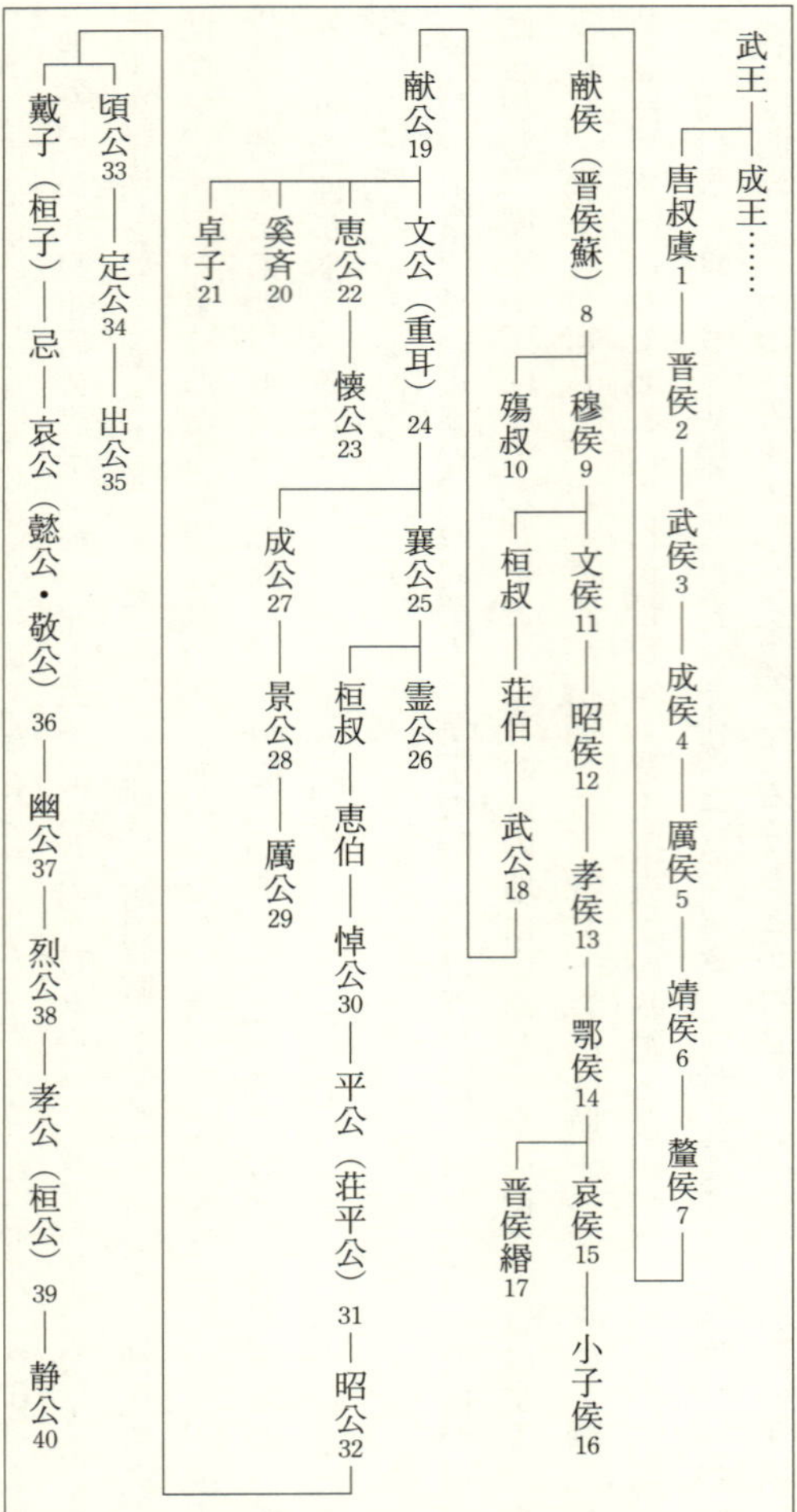

図5－4　晋国君主系図（数字は侯位継承の順序）

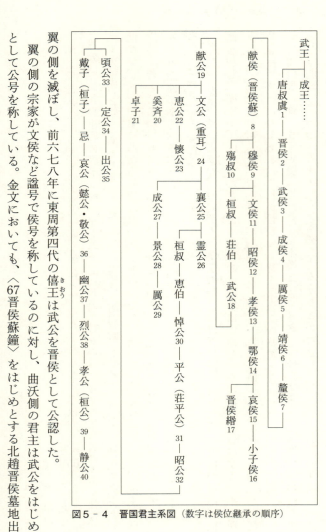

土器銘など晋の金文では晋の君主を晋侯と称しているが、この頃から〈65晋公盞〉や後に引く〈53子犯鐘《しはんしょう》〉に見えるように、晋公と称するようになる。この武公の孫が、十九年の亡命生活の後に即位したことで知られる文公重耳《ちょうじ》である。

前六三六年に文公が即位するが、この年に東周第六代の襄王が弟の王子帯《おうじたい》の反乱によって洛邑を追われ、鄭の氾《はん》の地（今の河南省襄城《じょうじょう》県）に逃亡するという事件がおこる。これを承けて、翌前六三五年に文公は王子帯を討って襄王を洛邑王城へと帰還させ、「勤王」の志を示している。

そして前六三二年四月、文公は宋の要請に応じて出兵し、斉・宋・秦とともに城濮《じょうぼく》の地（今の山東省鄄城《けんじょう》県の西南）で楚及び陳・蔡と戦い、大勝した。これが城濮の戦いである。〈清華簡〉『繫年』第七章では、晋側には更に「群戎の師」が、楚側には更に鄭・衛及び「群蛮夷の師」が味方したとある。

台北故宮博物院が一九九四年に購入した〈53子犯鐘〉（図5‐5）には、この戦いの様子が記録されている。

・隹王五月初吉丁未、子犯宕晋公左右、来復邦。諸楚荊不聴命于王所。子犯及晋公率西之六師、搏伐楚荊、孔休大功。楚荊喪厥師、滅厥□。子犯宕晋公左右、燮諸侯俾朝王、克

図5－5　〈53子犯鐘〉第二鐘銘文

奠王位。

王の五月初吉丁未の日、子犯《しはん》は晋公を側近として輔佐し、晋に帰国した。楚と同盟諸国は周王に服属しなかった。子犯と晋公は西の六師を率いて、楚を討伐し、大きな軍功があったことを喜んだ。楚はその軍を喪失し、その□が滅びた。子犯は晋公を側近として輔佐し、諸侯をまとめて王に朝見させ、王位を安定させた。

銘文冒頭の五月は城濮の戦いがおこった翌月を指す。晋公（文公）を輔佐した子犯とは、伝世文献に見える文公の重臣狐偃《こえん》のことである。彼の字《あざな》が子犯となる。その子犯と晋公が率いた「西の六師」とは、西周期の王朝の軍隊のひとつで、殷八師（あるいは成周八師）と対になるものであった。しかし伝世文献及び『繋年』を参照しても、城濮の戦いに際して周王朝が軍を派遣したという記述が見られない。これは晋が率いた自国と斉・宋・秦などの軍を、王朝の軍である西の六師に見立てたものであり、晋が周王朝の臣下の立場で楚の側を討伐したということで「勤王」の精神を誇示しているのである。

そして戦いの後に文公は周の襄王を鄭の地である践土《せんど》（今の河南省原陽《げんよう》県の西南）に迎えて、戦果を献上する献捷《けんしょう》の儀礼と、諸侯との会盟を執り行っている。その際に文公は襄王より侯伯《こうはく》すなわち覇者に任じられているが、その儀礼の様子が『左伝』僖公二十八年に見える。

・己酉、王享醴、命晋侯宥。王命尹氏及王子虎・内史叔興父策命晋侯為侯伯、賜之大輅之服・戎輅之服・彤弓一・彤矢百・玈弓矢千・秬鬯一卣・虎賁三百人、曰、「王謂叔父、『敬服王命、以綏四国、糾逖王慝。』」晋侯三辞、従命、曰、「重耳敢再拝稽首、奉揚天子之丕顕休命。」受策以出、出入三覲。

己酉《きゆう》の日、王は濁酒を用意して饗宴を行い、晋侯に酒をつぐよう命じた。王は尹氏及び王子《おうじ》虎《こ》と内史の叔興父《しゅくこうほ》に命じて、晋侯に策命《さくめい》して侯伯へと任命させ、天子のための車服一式・兵事のための車服一式・丹塗りの弓一・丹塗りの矢百・黒塗りの弓矢千・黒黍と鬱金を醸造した酒一卣・近衛兵三百人を賜らせ、王の言葉を伝えさせた。「王が叔父《しゅくほ》たるそなたに、『謹んで王命に服し、四方の国々を安んじ、王に敵対する者を討伐せよ』と言われた。」晋侯は三度固辞してから王命に従って言った。「私重耳は二度拝礼して額ずき、天子の大いにして明らかなる恩寵にお応え致します。」策書を受け取って退出し、玉器を返納した。

文公は策命すなわち冊命によって侯伯に任じられているが、その儀礼の形式も西周期に行われた冊命儀礼に準じている。尹氏と内史叔興父が史官として文公に王の冊書を宣読し、王子虎がおそらく右者の役割を果たしている。原文末尾の「出入三覲」は、第3章で引用した〈62頌鼎〉に見える、玉器の返納の過程を示す「返納瑾璋」のような文辞が誤って伝えられたのではないかと考えられている。

春秋期は、まだまだ西周的な意識や枠組みが色濃く残っている時代だったのである。

晋による覇者体制

吉本道雅によれば、晋の覇権は、文公の時代の前六三二年の践土の盟から定公《ていこう》の時代の前五〇六年の皐鼬《こうゆう》の盟まで百二十年以上存続した。晋の君主が一貫して会盟を主催し、諸侯がそれに服するという、晋による「覇者体制」が成立したのである。晋の覇者体制について、吉本氏は主に『左伝』の記述にもとづいて以下のように解説する。

会盟は晋と同盟諸侯国との協議の場であった。その開催の目的は、同盟の維持・更新、同盟離反国への共同制裁、同盟国同士の交戦の禁止や他国からの亡命者受け入れの禁止など同盟内の平和維持、同盟外からの攻撃に対する共同防衛、同盟国における内紛の調停、同盟国の災害の援助などを協議決定することにあり、基本的に同盟及び同盟国の保全を目的として行われるものであった。

斉の桓公の覇権が洛邑より東に偏っていたのに対し、晋の覇権は晋国自体が西方に位置していることから、洛邑を中心とする中原全体に及んでいる。ただし東方の斉は早々に晋の覇権から離脱し、晋より更に西方の秦にも覇権が及んでいない。城濮の戦いで矛を交えた楚は無論覇権の範囲外である。

そして同盟国には、会盟の参加、軍役など会盟での決定事項の履行、勤王、そして晋への朝聘・貢納といった義務が課された。特に晋への貢納が過重であることが問題となり、『左伝』襄公二十四年（前五四九年）には、賢人として知られる鄭の子産《しさん》が晋の范宣子《はんせんし》（士匄《しかい》）に貢納の減免を求める書簡を送り、范宣子がそれに同意したという話が見える。

前五四六年に宋の会によって晋楚の講和が成立する。この時に行われた講和の盟は弭兵《びへい》の盟とも呼ばれるが（弭兵とは兵事をやめるの意）、これにより晋と同盟諸国との「仮想敵国」が消滅した結果、同盟国の義務、特に晋への朝聘・貢納を履行する意義が失われていく。

その後楚が再び北侵を開始し、楚の侵攻を受けた蔡の要請で、前五〇六年に召陵の会と、それに続く、先に挙げた皐鼬の盟が行われるが、結局楚への軍事行動が行われることはなく、これが晋の主宰した最後の会盟となった。以後、同盟国の晋からの離反が進み、晋による覇者体制は解体された。

晋の退潮と入れかわるかのように、南方の呉・越が台頭する。この呉と越との対立の時期が孔子の活動した時期とも重なっているが、これについて見ていく前に、この間の周王朝の動きについて確認しておくことにしよう。

三　東周王朝の祀と戎

縮小再生産される王位継承争い

東周の初代となる平王の在位年数は、前七七〇年から数えて五十一年あったとされる。もっとも、前述のように〈清華簡〉『繫年』第二章の記述に従うとすれば、前七七〇年ではなく、その三十年後の前七四一年に即位したことになるわけだが、それでも共和の十四年と在位年数四十六年の計六十年以上生きた祖父宣王、やはり在位年数三十七年に共和の十四年を含めて五十一年以上生きた曽祖父厲王に匹敵するほどの長命を保ったことには違いがない。

平王には対立する王として、父幽王や叔父携王が存在したが、その後も周王は王位をめぐる内紛に悩まされることになる（以下、図5-6の系図を参照）。平王の曽孫にあたる東周第三代荘王《そうおう》の代には、重臣の周公黒肩（前述の繻葛の戦いでも登場した）が、荘王の殺害とその弟王子克《おうじこく》の擁立をはかって失敗する事件がおこり、第五代恵王《けいおう》の時代には、その叔父の王子《おうじ》頽《たい》が周の五人の大夫《たいふ》に擁立され、衛・燕の支援を得て一時洛邑に入って王として立っている。

その恵王の子第六代襄王の時代には、晋の文公のところで述べたように、襄王が弟の王子帯によって洛邑を追われ、晋の文公の支援によって洛邑への帰還を果たしている。春秋史研

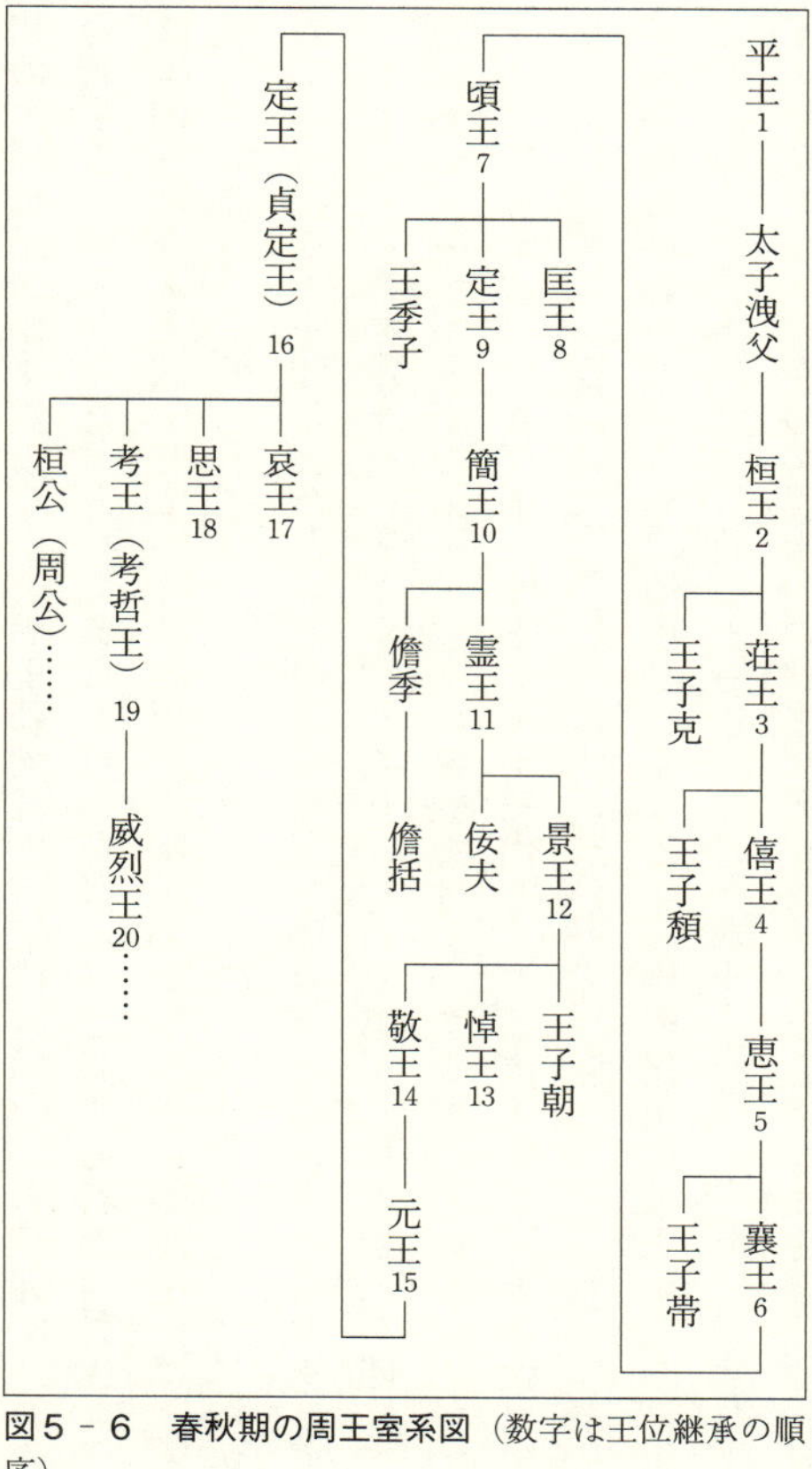

図5－6　春秋期の周王室系図（数字は王位継承の順序）

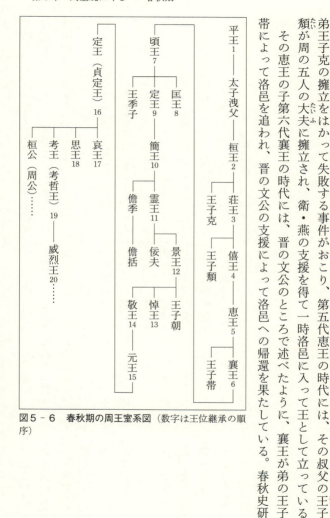

究の水野卓が指摘するように、周王朝内部での王位継承争いの続発が、晋の文公など覇者が台頭する一因となった。そして覇者の台頭を機に、反発する諸侯の討伐など、周王朝による諸侯国への介入も減少していく。西周末の幽王期以後の王位継承争いは、着実に周王朝の軍事力や指導力、「祀」と「戎」のうち「戎」の部分を弱めていったのである。楚の荘王に周の「鼎の軽重」を問われたというのは、襄王の孫の第九代定王の時のことである。

更に定王の孫の第十一代霊王《れいおう》が亡くなり、その子第十二代の景王《けいおう》が即位する際に、霊王の甥《おい》にあたる儋括《たんかつ》が景王の弟王子佞夫《おうじねいふ》の擁立をはかって失敗している。

その景王が亡くなり、子の悼王《とうおう》が第十三代として即位すると、その庶兄で父王のお気に入りであった王子朝《おうじちょう》が反乱をおこし、悼王側と王子朝とが対立することとなった。そして景王の葬儀も終わらないうちに悼王が亡くなると、別の兄弟の敬王《けいおう》が立ち、王子朝と対立することとなった。『左伝』昭公《しょうこう》二十三年（前五一九年）では、王城に所在していた王子朝を西《せい》王《おう》、王城の東、現在の洛陽市内の狄泉《てきせん》に所在していた敬王を東王《とうおう》と位置づけている。

二人の周王が並び立ったというわけだが、その戦いの範囲は、松井嘉徳が指摘するように、今の河南省洛陽市から、当時の鞏《きょう》にあたる鞏《きょう》義《ぎ》市の間、距離にして五十〜六十キロ程度の狭い空間に限られている。東遷期の平王即位前後の際は言うに及ばず、王子帯の乱の際に襄王が鄭の氾の地に逃亡したことから考えても、周王朝を二分する争いという割にはスケールが随分と小さくなっている。春秋後半期には、周王朝は内紛のための余力すらなくなりつつあったのである。

なお、王位継承争いに敗れた王子朝は楚に亡命するが、『左伝』昭公二十六年（前五一六年）の記述によると、その際に王子朝に味方した召公奭・召虎の子孫と見られる召氏の族、文王の子毛叔鄭や〈90毛公鼎〉に見える毛公厝の子孫と思《おぼ》しき毛伯得《もうはくとく》、南宮括の子孫と思しき南宮嚚《なんきゅうごう》もともに楚に亡命し、以後周では毛氏・南宮氏の活動は見られなくなる。召氏については、当初王子朝に味方しながら後に敬王に寝返った召簡公《しょうかんこう》（召伯盈《しょうはくえい》）は周に残ったが、おそらくは王子朝の一派と見なされて、三年後の昭公二十九年（前五一三年）に殺害されている。王位継承争いは、西周期以来周王を支え続けた召氏や毛氏といった邦君の末裔たちを没落させる結果となった。

王城からの遷都

『左伝』昭公三十二年（前五一〇年）から翌定公《ていこう》元年にかけて、東周第十四代の敬王が晋に成周の城壁を修築させたという記述が見える。西晋の学者杜預《どよ》による『左伝』の注では、このことをもって、王子朝の余党の存在を恐れた敬王が、王城から成周（ここでは今の洛陽市の、王城や瀍河《てんが》より東の区域を指す。図1-8を参照）へと遷都したと解釈し、その解釈が現在でも通説のようになっている。

実のところ『左伝』やその他の文献では、王城からの遷都が行われたと明言されているわけではない。しかし、終章で見るように、第十九代考王《こうおう》の時代にその弟桓公《かんこう》に河南（王城）の地を与えて周公に任じたとされているので、敬王から考王の時代までのどこかの時点で、王城から近辺の他の地域、おそらくは王城より東の区域へと遷都がなされたはずである。後藤均平は、敬王の時代の成周城修築の前後から、瀍河より東の区域が王城から独立した都市になっていき、これが成周と呼ばれるようになったのではないかと推測している。

天王の号

前章で引用した古本『竹書紀年』には、東周初代の平王が申の地に擁立された際に、もとの太子であることから、天王という号を称したという記述があった。『春秋』経文や『左伝』を参照すると、春秋期の周王がしばしば天王と称されており、平王だけではなく、その後継者たちも称されたことがわかる。

この天王号の意義については、南方の楚・呉・越などの君主が王号を僭称《せんしょう》したので、彼らに対抗するためにこのような号を称したのだとする説が唱えられてきた。

しかし松井嘉徳が「周王の称号」において反論するように、西周期において既に周王朝に服属する勢力の君長などが王号を称している例が複数見られることから、この説は成り立たない。たとえば第3章で言及した西周金文の〈44散氏盤〉では、散《さん》という邑と紛争をおこし、和解を行った夨《そく》の地の君主が、「夨王」と王号でもって称されている。

谷秀樹は、夨などは、もともと殷代には周と同じような立場に置かれていたのが、文王の頃の周と同じように、これらの勢力の君主も殷末に王号を称し、かつ周と同盟してともに殷王朝を打倒したというような事情があり、周王朝成立後も特別措置として、自領内での称王が認められたのではないかとする。楚・呉・越といった諸国の称王も、西周期のこのような諸勢力の君主の称王の延長としてとらえる必要がある。

松井氏は、後に詳しく触れるように、西周期には周王のみが天子と称していたのに対し、春秋期に複数の諸侯が、自らを天命を受けた天子と見なすようになったことが、天王号の登場と関係しているとする。

しかし古本『竹書紀年』によるならば、平王の時に既に天王号を称していることからすると、これは諸侯を意識したものではなく、西周最後の幽王及びその新たな後継者とされた伯盤（伯服）、あるいは幽王の弟携王や西王と位置づけられた王子朝に代表される、周の王族から擁立された王位継承争いの競合者や対立王の存在を意識したものだろう。東周の諸王は天王号を採用することで、現在の、あるいは過去に存在した同族の対立王への優位性・正統性を主張しようとしたのではないだろうか。

東周では第十四代の敬王以後も、第十六代定王《ていおう》（あるいは貞定王《ていていおう》とも）の王子たちが王位を争っている。まず長子の哀王《あいおう》が立つと、三ヶ月後に弟の思王《しおう》に殺害され、その思王も即位から五ヶ月後に、そのまた弟の考王（あるいは考哲王《こうてつおう》とも）に殺害されているが、第十九代となる考王以後はこうした王位継承争いがおこされることはなくなった。

この考王の子の威烈王《いれつおう》の時代、前四〇三年に、周王朝によって三晋、すなわち晋から分かれ出た韓・魏・趙の君主が諸侯として認められた。序章で述べたように、日本ではこれをもって春秋期から戦国期へと移るとされることが多い。

そして王位継承争いの収束と前後して、天王の号も用いられなくなっていく。伝世文献では、『左伝』の定公六年（前五〇四年）に敬王を天王と称しているのが、天王号の最後の事例となる。

賜命礼——春秋期の新たな儀礼

周王朝の「戎」が東遷以降内紛により消耗する一方だったのに対して、「祀」の方はどうだったのだろうか。前述のように、覇者斉の桓公に対しては「文武の胙」を贈り、晋の文公に対しては西周以来の冊命儀礼の形式に則って侯伯への任命を行うといったように、覇者をはじめとする諸侯に対して西周以来の伝統と権威を強調するという方針をとった。

この「文武の胙」の賜与や冊命（策命）儀礼の施行のほか、『左伝』や『国語』では、周王が諸侯に使者を派遣して賜命礼《しめいれい》（あるいは錫命礼《しめいれい》とも）を執り行わせたという記述が見える。一例として、『左伝』襄公十四年（前五五九年）に見える、斉の霊公《れいこう》に対する賜命礼を挙げておこう。

・王使劉定公賜斉侯命、曰、「昔伯舅大公右我先王、股肱周室、師保万民。世胙大師、以表東海。王室之不壊、繄、伯舅是頼。今余命女環、茲率舅氏之典、纂乃祖考、無忝乃旧。敬之哉、無廃朕命。」

王（東周第十一代霊王）は劉《りゅう》の定公《ていこう》を派遣して斉侯（霊公）に命を下賜させた。（王命に言うには、「昔伯舅たる太公望は我が先王を輔佐し、周室の股肱《ここう》となり、万民を庇護《ひご》した。（その子孫たる斉侯は）代々大師《たいし》の官を継承し、東海の諸侯の模範となった。王室が保たれてきたのは、ああ、伯舅たる斉侯のお陰である。今余は汝環《かん》（斉の霊公の名）に命じる。舅氏たる代々の斉侯の法に従い、汝の父祖を継ぎ、祖先を辱めないようにせよ。身を慎み、我が命をないがしろにしてはならない。」

たとえばこれを第3章で引用した冊命金文の〈32虎簋蓋〉と比較すると、受命者（ここでは斉の霊公）の祖先の事績に言及し、その祖先を継承するよう求めるなど、王命の文辞の形式が共通することから、賜命礼はしばしば冊命儀礼と同一視される。

しかし貝塚茂樹が指摘するように、冊命儀礼が周王の臨席する王宮などで行われるのに対し、賜命礼の場合は王が臨席せず、使者を受命者のもとに派遣して王命を伝えるという点が異なっている。賜命礼は春秋期に冊命儀礼から派生してつくられた新しい儀礼と位置づけるべきである。

この王命の中で、太公望及びその子孫が代々顕職とされる周の大師の官を継承したという記述が見えるが、現在のところ西周金文ではそのような事実は確認されていない。前述の五侯九伯の件とともに、歴史的な事実を示すものではなく、春秋期の「歴史認識」を示すものと見た方がよい。

斉の霊公に賜命を行った劉の定公の劉氏とは、東周第七代頃王《けいおう》の子王季子《おうきし》を始祖とする氏族である。ほかにも第六代襄王と対立した王子帯を始祖とする甘《かん》氏など、王室出身で周王に仕える氏族が複数存在し、召氏や毛氏などの西周以来の氏族にかわって台頭した。彼らは世が世ならば〈43柞伯鼎〉に見える虢仲・柞伯や、繻葛の戦いの時の周公黒肩・虢公林父のように、諸侯を配下として従えて出征する立場にあった。言わば西周期の邦君の「なれのはて」である。

ともかく周王朝はこのような形で「祀」の部分の維持をはかったわけだが、春秋後半期以後に現れた潮流により、周王朝は次第に周の「祀」の中心からはずれていくことになる。次章ではその潮流について見ていくことにしよう。

第6章

継承と変容

一　礼制の再編、孔子の登場

天子を称する諸侯

東周王朝は、自らが「西の六師」を率いたと称するような晋の文公に代表される、西周的な枠組みを尊重する諸侯の意識に乗じて、西周以来の伝統を強調することにより、王朝としての「祀」の存続をはかったわけだが、一方で春秋期にはそのような枠組みや意識を乗り越える動きがおこりつつあった。

春秋前半期の〈66秦公《しんこう》及《および》王《おう》姫《き》鐘《しょう》〉(図6-1左)には、「我先祖受天命、賞宅受国。烈烈昭文公・静公・憲公、不惰于上、昭合皇天、以赫事蛮方」(我が祖先は天命を受け、国土を授けられた。輝かしく明らかなる〔秦の〕文公《ぶんこう》・静公《せいこう》・憲公《けんこう》は、上天に謹み、天意にかない、蛮方をよく治めた)と、秦の先公が天命を受けたと述べる。更に後文には「秦公其畯紷在位、膺受大命、眉寿無彊、匍有四方」(秦公が長く在位し、大命を受け、長寿を保ち、遍く四方を領有できますように）と、自らが「大命を膺受」し、「四方を匍有」できるようにという願望を述べている（以下、秦の君主の系譜については図6－2を参照）。

西周期において天命を受け、「大命の膺受」者・「四方の匍有」者と位置づけられていたのは、天子たる周王であった。この銘では秦の君主がその祖先や自らを周王と同様の存在と位置づけている。陝西省鳳翔《ほうしょう》県南指揮《なんしき》村の秦公一号大墓から出土した〈64秦景公石磬《しんけいこうせきけい》〉は、春秋後半期の秦の景公《けいこう》の時代のものとされるが、その銘文に「天子宴喜、共桓是嗣」（天子は宴を設けて楽しみ、〔秦の〕共公《きょうこう》・桓公《かんこう》を嗣ぐ）という一文があり、ここでは秦の君主を天子と称している。『史記』秦本紀では、秦の君主は殷の紂王に仕えた蜚廉《ひれん》の子孫とし、〈清華簡〉『繫年』第三章では商蓋（奄）の民の子孫とするが、いずれも秦の祖先神話と見るべきもので、史実とは認めがたい。西周後半期の金文では、〈56師酉簋《しゆうき》〉及び〈60詢《じゅん》

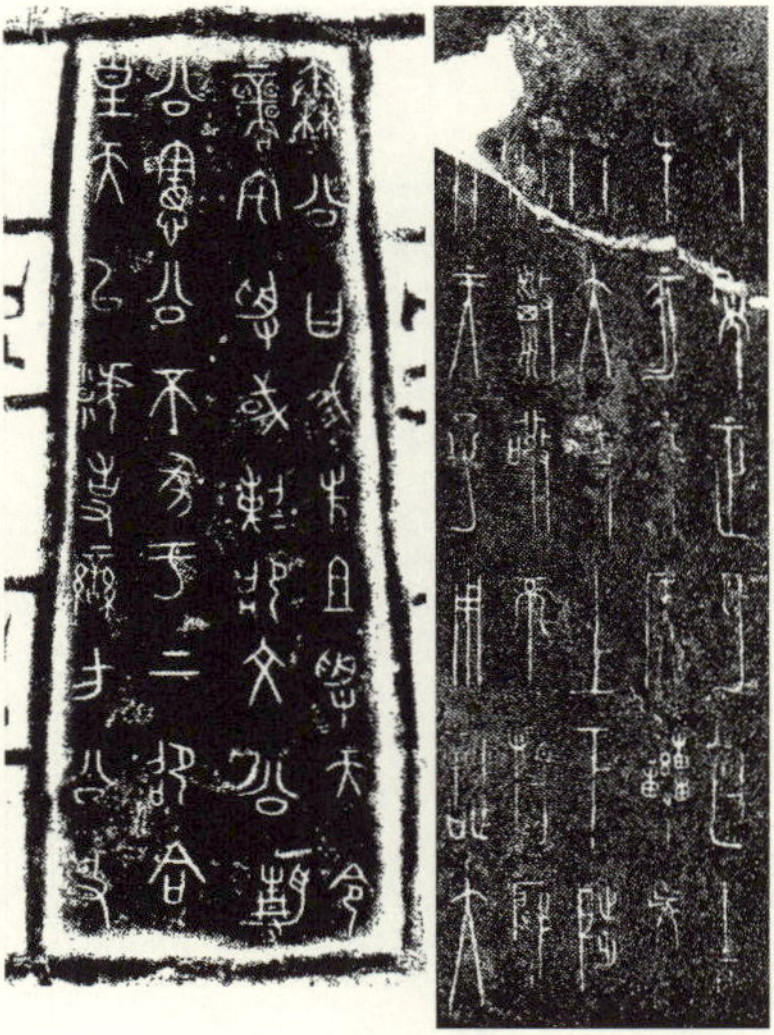

図6－1　〈66秦公及王姫鐘〉（左）と〈41蔡侯盤〉銘文（右）（それぞれ部分）

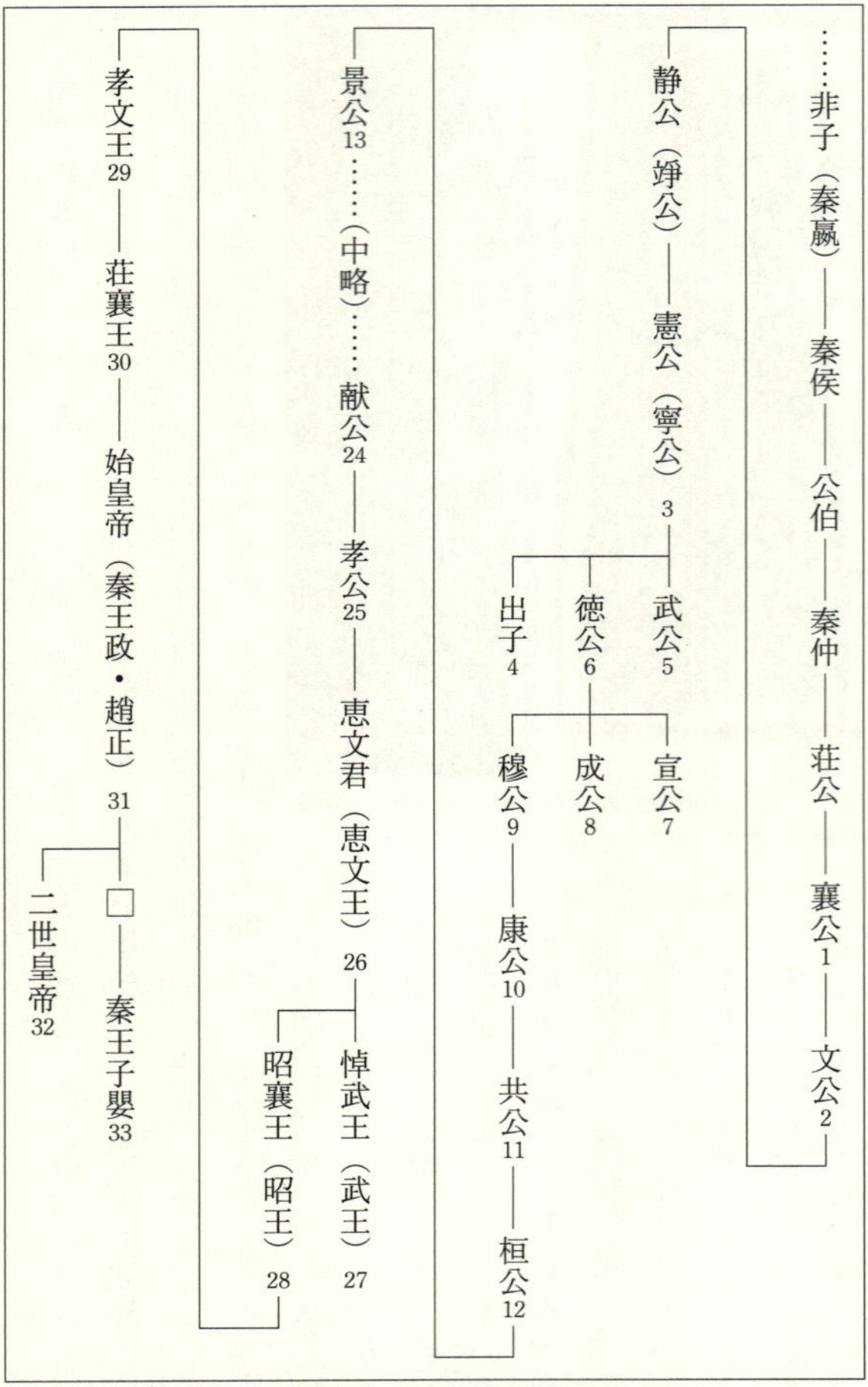

図6-2　秦国君主系図（数字は東周期以後の君主位継承の順）

簋《き》〉に、虎臣《こしん》すなわち周王の近衛兵にあたる集団のひとつとして、西門夷《せいもんい》・京夷《けいい》などとともに秦夷《しんい》・戎秦人《じゅしんじん》という名称が見られる。これは秦から虎臣の要員として派遣された人々を指す。西周期の秦は、周王朝に服属する勢力として、周に近衛兵を供給する役割を負わされていたのである。

それが周の東遷にともなって西周の本拠地であった関中一帯を支配するようになった。秦本紀では、秦の襄公《じょうこう》が東周初代の平王を洛邑に護送した功により岐山以西の地を与えられたとするが、吉本道雅は、これも史実ではなく、東遷によって無秩序地帯となった関中平原に秦が入り、周から自立したというのが実情であるとする。

ともかく秦は西周の故地を版図としたことで、他の地域の諸侯と比べ、西周の文化の影響を強く受けることとなった。そして周の文化を継承しつつ、天子たる周王に自らをなぞらえるようになった。

ただし、春秋期に天子と称された諸侯は秦だけではない。一九五五年に安徽《あんき》省寿《じゅ》県の蔡侯墓から出土した〈41蔡侯盤《さいこうばん》〉（同銘の尊もある。図6－1右を参照）には、「蔡侯申虔恭大命、上下捗否、擸敬不惕、肇佐天子、用作大孟姫媵彝缶」（蔡侯申《さいこうしん》は謹んで大命を受け、天意を戴《いただ》くこと、謹んで怠りないようにし、ここに天子を輔佐して、大孟姫《だいもうき》の嫁入りの礼器を作る）とあり、蔡侯申すなわち伝世文献に見えるところの蔡の昭侯《しょうこう》が天子を輔佐したとある。

しかし、同じ銘文の後段に「敬配呉王」（謹んで呉王に〔大孟姫を〕娶《めと》らせる）とあることから、この「天子」は周王ではなく当時の呉王である夫差《ふさ》を指すと考えられている。この器は蔡侯の娘が呉に嫁入りする際に持たせるために作られた媵器《ようき》である。寿県の蔡侯墓からは呉王光《ごおうこう》(呉王闔閭《こうりょ》)の青銅器である〈30呉王光鑑《ごおうこうかん》〉も出土している。

一方で同じく寿県の蔡侯墓から出土した〈40蔡侯鐘《さいこうしょう》〉(同銘の鎛《はく》もある)には「左右楚王」(楚王を輔佐する)という文辞が見られ、南方の小国の蔡が、大国の楚と新興の強国の呉との間で複雑な対応を迫られていたことが窺われる。

「春秋中期儀礼再編」とは

晋など中原の諸侯がなお西周的な枠組みを尊重し、勤王の意志を打ち出す一方で、秦や呉といった辺境の諸侯が自らを周王と同様に天子と称した春秋期において、その諸侯たちが受け入れた礼制とはどのようなものだったのだろうか。

青銅礼器に関して、ファルケンハウゼンは、春秋前半期から後半期にかけて「春秋中期儀礼再編」が進行したと指摘している。この場合の「中期」とは、前期・中期・後期の三期区分によるもので、前六〇〇年頃を境に、貴族の階層によって墓葬に用いられる礼器の種類が使い分けられるようになったとするものである。具体的には、各諸侯国の下級貴族の墓地に副葬される礼器として、地域ごとの特色を反映した形状や紋様を持つ器が選択されたのに対し、諸侯や上級貴族の墓地では、「西周後期礼制改革」の伝統を引き継いだ形状や紋様を持つ器が副葬されるようになったという。ファルケンハウゼンは前者を「通常の器群」、後者を「特別の器群」と呼んでいる。

つまり、西周後半期の形式を模した復古調の礼器を用いるのが国君や上級貴族の特権となったわけである。このことは、楚・鄭・衛・蔡・曽・晋など、各地の諸侯墓や貴族墓の副葬品から確認される。

「特別の器群」の中で特に重要視されたと考えられているのが、「西周後期礼制改革」で主要な器種となった編鐘である。編鐘とは、音色の異なる鐘を複数吊るした打楽器である。王や諸侯の廟宮に置かれ、祭祀儀礼を執り行う際に、音楽を演奏するのに用いられたと考えられている。春秋期から戦国期にかけての編鐘として代表的なものは、一九七八年に湖北省随州市の曽侯乙墓《そうこういつぼ》より出土したもので、六十四件の鐘と一件の鎛《はく》（鐘と同じような打楽器だが、形式がやや異なる）から成る（図6-3）。曽国は、第2章で引用した〈72曽侯䏿鐘〉に見えるように、南宮括を始祖とする国で、西周以来の伝統を誇るが、春秋期には楚国の附庸《ふよう》（属国）となっていた。伝世文献では曽ではなく随《ずい》という国名で記録されている。〈72曽侯䏿鐘〉の第2章引用部の後文には、「周室の既に卑《ひく》く」なった後、楚に従うようになり、その楚が呉の侵略を受けると、曽侯が楚王のために戦ったことが記されている。蔡国と同様に、楚と呉との間で厳しい立場に置かれていたようである。

楚の附庸にまで零落した小国の曽が、「春秋中期儀礼再編」の流れにのっとりつつこのような立派な編鐘を作ることができたのは、西周以来の伝統の蓄積があったからだろう。

ただ、例外的に秦ではこのような儀礼の再編がおこった形跡が見られず、貴族の階層に関係なく「西周後期礼制改革」以来の形式の礼器が一貫して用いられ続けた。秦の場合は「通常の器群」として用いられるはずの地域の特色を反映した形式というのが、「西周後期礼制改革」以来の形式ということになるのだろう。銘文の字体についても、他の地方のような独自の発展が見られず、西周金文の字体をそのまま受け継いでいる。図6－1の〈66秦公及王姫鐘〉の字形を〈41蔡侯盤〉、あるいは同じく春秋期に属する図2－2の〈72曽侯腆鐘〉や、西周後半期に属する周王の自作器である図4－1の〈37㝬鐘〉〈31㝬簋〉の字形などと見比べていただきたい。この秦系文字の字体が、我々が使っている現在の漢字の直系の祖先となる。

図6－3　曽侯乙墓編鐘

儒家の出現

ファルケンハウゼンは、「春秋中期儀礼再編」が、孔子を開祖とする儒家が誕生し、東周の社会に受け入れられる背景となったとする。儒家が「儀礼再編」の思想的・理論的なよりどころを提供し、「儀礼再編」の流れを推し進めた。

『論語』八佾《はちいつ》篇の中で、孔子が「周監於二代、郁郁乎文哉」（周は〔夏・殷の〕二代に比べて、盛大で華やかである）と評価し、「吾従周」（私は周に従おう）と述べ、述而《じゅつじ》篇において、「久矣、吾不復夢見周公」（久しいことだ、私が夢に周公を見なくなってから）と嘆いたように、孔子は西周、特に自分が生まれ育った魯の始祖周公旦を理想視していた。

孔子の活動した時期は、呉・越対立の時期と重なる。そして孔子の後学となる儒家たちは、その春秋後半期から戦国・秦・漢期にかけて、自分たちが西周の礼制と信じるものを体系化し、『周礼《しゅらい》』『儀礼《ぎらい》』や、『礼記《らいき》』に収録されている諸篇といった礼に関する書をまとめ、礼制を成文化した。

西周の礼制を理想とし、下級の貴族が墓葬の青銅器として「通常の器群」を用いるのに対し、自分たちは「特別の器群」を用いるといったように、身分や階層などに応じて体系化された礼制を求める各国の君主や上級の貴族が、儒家の主張する礼制を受け入れるようになった。というより、儒家の方がそのような「社会的要請」に応えていったというのが実情であるのかもしれない。

ただし、西周の世やその礼制を理想としたとはいっても、既に西周の滅亡より数百年を経ており（孔子が亡くなったとされるのは前四七九年、西周の滅亡よりおよそ三百年後のことである）、西周の礼制を忠実に再現し、取り入れることができたわけではない。『礼記』の諸篇では天子・諸侯・卿《けい》・大夫《たいふ》・士《し》・庶人《しょじん》と、身分ごとに守るべき礼制を提示するが、そもそも、このうち卿・大夫という呼称自体が西周末以前には存在しなかった。

吉本道雅によれば、天子や諸侯国の執政を指す卿は、西周金文や春秋の初め頃に見える卿士を省略した呼称であるとされる。また、天子・諸侯の臣下としての大夫の称は、西周の滅亡の頃の状況を描いた『詩経』小雅・雨無正《うぶせい》などに見え、西周末には存在したようであるが、同時代史料の西周金文では確認されていない。天子・諸侯の臣下のうち最下層に属し、貴族と庶人の中間的な存在である士についても、西周金文にもその呼称が見えるが、それほど低い身分ではなかったようである。早く見積もっても西周末以前には存在しなかった身分呼称や体系を前提とした礼制は、当然西周の礼制としては信憑性が疑われるということになる。

また『周礼』は、西周の官制や、その官が担う職掌・儀礼などを記録したものとされ、部分的には西周金文に見える官名と一致するものも存在するため、従来西周官制の重要な史料として参照されてきた。しかし近年になって中国の沈長雲・李晶が、『周礼』に見える官制は、金文に見える西周の官制より、『左伝』や『国語』に見える春秋期の諸侯国の官制の方が近いと指摘している。

要するに儒家の提示した礼制とは、当時の東周の礼制に、彼らが西周のものと信じる要素（その中には本当に西周に由来するものも多少は含まれていただろうが）を加えて復古的なものに仕立て上げ、体系化したものだったのである。

「孝」の観念と三年の喪

儒家はまた、礼制に道徳的な要素を付加した。親孝行の「孝」を例として見てみよう。西周から東周期にかけての「孝」の観念の変化については、池澤優（東京大学）の研究がある。その成果を参照しつつ見ていくと、西周金文において孝は、〈10虢姜《かくきょう》簋蓋《きがい》〉の「虢姜作宝尊簋。用禅追孝于皇考恵仲」（虢姜《かくきょう》は祖先を祀るための簋を作った。これを用いて亡父の恵仲《けいちゅう》に祈り、追悼したい）や、〈59殳季良父《しゅきりょうほ》壺〉の「殳季良父作效姒尊壺。用盛旨酒、用享孝于兄弟・婚媾・諸老」（私殳季良父《しゅきりょうほ》は效姒《こうじ》を祀る壺を作った。これを用いて美酒を注ぎ、同族の兄弟・姻戚・長老たちを饗応したい）のように、「追孝」「享孝」といった熟語で現れることが多く、祖先の霊や、祭祀に参加した人々などを祭祀行為や酒食によってもてなすことを指す。春秋金文においても基本的な傾向は変わらない。

しかし孝が次第に生死を問わず父母や、あるいは直系の祖先に奉仕することを意味するようになり、儒家の思想の中で仁や忠などとともに重要な徳目のひとつとして位置づけられるようになる。

孔子や弟子たちの言行を記録した『論語』にも、孝に関するコメントや議論が多く見える。たとえば学而篇《がくじ》と里仁篇《りじん》にはそれぞれ「三年無改於父之道、可謂孝矣」(〔父親が亡くなってから〕三年の間父親の方針を改めなければ、孝と言うべきである)という孔子の言葉が見え、また為政篇《いせい》には「子游問孝。子曰、『今之孝者、是謂能養。至於犬馬、皆能有養。不敬、何以別乎』」(子游《しゆう》が孝について問うた。孔子が言われるには、「今の孝とは、〔父母に〕充分に奉仕することを言うが、犬や馬でさえ、〔人間に〕充分に奉仕するということがある。敬意がなければ、どうして区別がつけられるだろうか」)と、弟子の子游の問いに対する返答として、孔子の孝に対する考えが記されている。それぞれ孝に道徳的・思想的な意義を付加しようとする試みとして評価できる。

為政篇には子游だけでなく他の弟子たちも孔子に孝について問う条が見える。当時の人々の間で、礼制に関して道徳的・思想的な意義づけを求める機運があり、孔子がそのような「社会的要請」に応えうる存在だったということだろう。その孝に関する思想の集大成として、『孝経《こうきょう》』が編纂されることになる。
学而・里仁篇の「三年無改於父之道、可謂孝矣」は、父母に対する三年の喪の制を連想させる。これは喪の期間が三年間ということではなく、父母が亡くなった年を一年目として数えて三年目まで、すなわち足かけ三年にわたって喪に服するということである。更に、その期間を二十五ヶ月とする説と二十七ヶ月とする説があるが（これも足かけの期間である）、それらの説の当否についてはここでは深入りしない。『論語』陽貨《ようか》篇には、弟子の宰我《さいが》が孔子に三年の喪は長すぎる、一年で充分ではないかと主張し、「不仁」であると師の不興を買う話が見える。

民国期に活躍した学者の胡適《こせき》（一八九一～一九六二年）は、この話から、逆に三年の喪は儒家が定めた制度であり、古い礼制ではないのではないかとする。

それでは孔子がなぜ三年という期間にこだわったのかというと、陽貨篇の続きの部分では、子は生まれて三年経ってようやく父母の懐《ふところ》から離れる。三年の喪は、その三年の愛に対する恩返しなのだと説明する。道徳的な見地が三年という期間の根拠となっているわけである。

孔子の時代から更に下り、『孟子』滕文公《とうぶんこう》上には、滕《とう》という小国の君主定公《ていこう》が亡くなった時に、その後継ぎの文公《ぶんこう》が孟子に喪の制度について尋ね、三年の喪は夏・殷・周三代の制というのでそれに従おうとしたところ、群臣がそのような制度は滕にも、滕の宗国《そうこく》（本家筋の国）の魯にも存在しないと反対する話が見える。三年の喪は三代の制という孟子の主張とは裏腹に、実際は一般的な礼制ではなかったのである。

池澤優は、三年の喪は、その人の孝の精神を示すための儀礼的な手段として、儒家によって創造されたのではないかとする。そして父母・祖父母・兄弟・伯叔父といったように、亡くなった親族の等級に応じて着用するべき喪服の種類や服喪の期間が細かく定められた。儒家による礼制の理論化と体系化は、このようにして進められた。

二　断章取義する春秋人

饗宴と詩

春秋期には、礼制の再編と並行して西周の歴史や文化に関する事柄のテキスト化とその普及が進んだ。

『左伝』や『国語』には、しばしば春秋期の人々が発言の中で書篇や詩篇を引用する場面が見られる。この個別の書篇が集成されて『尚書』（『書経』）が、詩篇が集成されて『詩経』が、それぞれ成立する。各篇が作られた時期は当然篇ごとによって異なるわけであるが、書篇については、『尚書』の周書に属する篇の中で西周期に作られたと見なされるものがあり、西周の同時代史料として用いられることがあるというのは、序章で述べた通りである。詩篇については、白川静は、おおよそ西周後半期の第九代夷王・第十代厲王の頃から春秋前半期にかけて作られたと見ている。

このうち詩篇が引用された実例を見てみよう。詩篇は、多くの人が集う饗宴や外交の場で、その場の状況に合わせて朗詠するという形で引用されることが多い。以下に引く『左伝』襄公二十七年（前五四六年）の例も、そのひとつである。

・鄭伯享趙孟于垂隴、子展・伯有・子西・子産・子大叔・二子石従。趙孟曰、「七子従君、以寵武也。請皆賦、以卒君貺。武亦以観七子之志。」子展賦**草虫**、趙孟曰、「善哉、民之主也。抑武也、不足以当之。」伯有賦**鶉之賁賁**、趙孟曰、「床第之言不踰閾、況在野乎。非使人之所得聞也。」子西賦**黍苗**之四章、趙孟曰、「寡君在、武何能焉。」……

鄭伯（鄭の簡公《かんこう》）は趙孟《ちょうもう》（趙武《ちょうぶ》）を垂隴《すいろう》の地で饗応し、子展《してん》・伯有《はくゆう》・子西《しせい》・子産《しさん》・子大叔《したいしゅく》と二人の子石《しせき》（印段《いんだん》と公孫段《こうそんだん》。ともに字が子石）が随従した。趙孟は言った。「七名の方が主君に随従されたのは、私武《ぶ》のことを重んじておられるのでしょう。皆さんに詩を朗詠していただき、鄭君の心遣いを完成させていただくことにしようではありませんか。私もそれによって七名の方の志を窺うことにしましょう。」子展は**草虫**《そうちゅう》を朗詠し、趙孟が言うには、「良いものですね、民の主というのは。しかし私はそれにふさわしくありません。」伯有は鶉之《じゅんし》賁賁《ほんほん》を朗詠し、趙孟が言うには、「閨中での会話は門外に出すものではなく、ましてやここは鄭の国都の外側です。（晋の）使者である私が耳にしてよいものではありません。」子西は黍苗《しょびょう》の第四章を朗詠し、趙孟が言うには、「（私の功績は）我が主君があればこそで、私は何の役にも立っていません。」

この条では鄭の簡公が子展以下七名の臣下とともに晋の趙武を饗応し、その際に趙武のリクエストにより、子展ら七名が任意の詩篇を選択して朗詠し、趙武がそれを論評している。引用原文中のゴシック体の部分が詩の篇名である。それぞれ現在の『詩経』にも収録されている。なお、子産・子大叔と二人の子石も同じように詩を朗詠しているが、ここでは省略する。

この中では三番目の子西の引用のしかたが最も単純である。彼が朗詠する黍苗の詩の第四章は、召伯、すなわち本書第4章で登場した召伯虎（召穆公）の軍功を讃えた部分であり、趙武を召伯になぞらえて讃えているのである。

二番目の伯有が朗詠する鶉之賁賁（『詩経』の鶉之奔奔）は、後に加えられた序では衛の君主夫人の淫乱《いんらん》をそしったものとされ、白川静は、妻が夫をくさした半分痴話のような詩であるとする。この詩に「人之無良、我以為君」(まるで良いところのない人物を、私は主人としている)という句があり、伯有はこの句にかこつけて自らの主君簡公を良いところのない人物とあてこすっているのである。趙武の論評が否定的であるのは、そのためである。

最初の子展が朗詠する草虫は、本来は花嫁が新郎のもとに赴く情景、あるいは男の帰りを待つ女をうたった恋愛詩であるとされる。「未見君子、憂心忡忡。亦既見止、亦既覯止、我心則降」(あの人に会えず、不安で心がきゅうきゅう。やっと会えて、やっと出会えて、私の心は落ち着くの)といった句が各章で展開され、ここでは原文の「君子」を趙武に読み替え、趙武にお会いできて嬉しいという気持ちを詩に託し、趙武はそれほどまでに女性に慕われる男性は民の主としてふさわしい人物と言えるが、自分はその器ではないと謙遜している。しかし恋愛詩をこのように読み替えるのは少々異様な印象を受ける。

そしてその後、趙武は同じ晋の賢人叔向《しゅくきょう》に詩を朗詠した七名の印象を述べ、二番目の伯有について、賓客の前で主君を誇るような人物は早晩殺されるだろうと評価し、最初の子展については、「在上不忘降」(上位にありながらへりくだることを忘れない)ので、その家は伯有以外の六名の中で最も長続きするだろうと評価する。「降」を忘れないとは、草虫の原文の末句「我心則降」の「降」字を指す。

草虫の「未見君子、憂心忡忡。亦既見止、亦既覯止、我心則降」については、恋愛詩としての性質をふまえて前記のように訳したが、最初の句の「君子」を趙武のことを指すと読み替え、末句の「降」をへりくだるの意味に解釈するとしたら、全体をどのように訳せばよいだろうか？

詩篇の読み替え

ここで引用した『左伝』襄公二十七年の例は物語としての要素が強く、鄭の簡公と臣下たちが趙武を饗応したのは事実としても、子展が草虫を、伯有が鶉之賁賁を朗詠したといったような細部までも事実と見なしてよいかは疑問が残る。しかし春秋期に、饗宴の場などで貴族たちが詩を朗詠するという習俗が存在し、このことが『左伝』などに詩の朗詠に関する記事が多く残される背景となったということは認めてもよいだろう。

『論語』にも同じように孔子やその弟子が場の状況に応じて詩篇の句を引用したり、詩句そのものを論評したりする場面が多く見える。たとえば学而篇では、弟子のひとり子貢《しこう》が孔子との対話の中で、「切磋琢磨《せっさたくま》」の語源となった淇奥《きいく》の詩の「如切如磋、如琢如磨」（〔工人が骨や象牙、玉や石を〕切ったりこすったり、刻んだり磨いたりするように）という句を引用し、孔子から「賜也、始可与言詩已矣」（賜《し》〔子貢の名〕よ、ようやくともに詩を語ることができるな）と褒められている。

更に子路《しろ》篇には、孔子の言葉として「誦詩三百、授之以政不達、使於四方不能専対、雖多亦奚以為」（詩三百篇を暗誦《あんしょう》していても、これに政務を与えても達成できず、四方に派遣されても一人で応対できないようであれば、多く暗誦していたとしても何の役に立つだろうか）とある。この四方に派遣されて応対ができないというのは、『左伝』襄公二十七年の記事のような、外交の場面で詩による応酬ができないことを指すと考えられている。

春秋期の貴族にとって、主要な詩篇や書篇は基礎的な教養となっており、TPOに応じて詩書の句を選択できることが必須の能力となっていたのである。そして孔子も弟子たちに対して、詩篇や書篇の句を的確に引用できるような教育を施していた。『左伝』襄公二十七年のような、時に詩の原義を無視し、一部分を取り出して引用し、自分に都合のよい解釈を施す行為は「断章取義《だんしょうしゅぎ》」として否定的にとらえられてきたが、ここで見たように、孔子も「断章取義」に対して否定的というわけではなかった。

そして『詩経』所収の詩篇の中には「断章取義」によって作られたものがいくつか存在する。小雅の出車《しゅっしゃ》がそのひとつで、これは西周後半期の南仲《なんちゅう》という人物が玁狁《けんいん》を討伐することをうたったものだが、全六章のうち後半の第四・五・六章がそれぞれ日本の和歌の本歌取りのように、別の詩篇の句を取り込んでいる。第五章の本歌となっているのが、先に問題にした草虫である。「未見君子、憂心忡忡、既見君子、我心則降。赫赫南仲、薄伐西戎」と、草虫をふまえた四つの句に続けて、「輝ける南仲は、西戎を討伐した」という意味の二句をつなげている。「君子」を将軍の南仲に読み替えているのである。当然草虫の詩の成立は出車より古いということにもなる。

『左伝』襄公二十七年で、子展が趙武に向けて引用した詩の「断章取義」も、「君子」を将軍南仲に読み替えたこの出車のような事例をふまえたものであり、草虫はこのような本歌取りや「断章取義」の素材としてよく用いられる詩篇だったのだろう。「断章取義」が新たな詩篇の創作につながったと考えれば、そのような行為はむしろ肯定的に評価することができる。

六経の成立

現在の『詩経』には三百五篇の詩が収録されており、また篇名のみで中身が残されていないものが六篇ある。『史記』孔子世家では、詩篇はもともと三千余篇あったのを孔子が選りすぐって現在の三百五篇にまとめたとしているが、一方で孔子の時代には現在の三百五篇がそのまま伝承されていたのではないかとする説もある。

戦国後半期の文献である〈上博簡〉『孔子詩論《こうししろん》』は、孔子が詩篇について論じるという体裁であるが、詩篇に関して頌・大雅・邦風《ほうふう》といった分類が見られ、この時期には篇数だけでなく構成に関しても現行の『詩経』に近い形になっていたことがわかる。なお、邦風については、漢代以後に前漢初代皇帝である劉邦の名を避けて国風と呼ばれるようになる。詩・書は孔子以前から諸侯国の人々の教養となっていたことからわかるように、儒家の専有物というわけではなかった。他の諸子では、たとえば『墨子《ぼくし》』にも多く詩・書が引用されている。

それが次第に儒家の六経《りくけい》の中に位置づけられることになる。六経とは詩・書・礼・楽・易・春秋の六種の経書《けいしょ》を指す。このうち『楽経』は早くに失われた。また『礼経』にあたるのが『儀礼』であるが、後に『礼記』が礼書の代表と見なされるようになり、『詩経』『尚書』『礼記』『易経』『春秋』から成る五経の呼称が成立した。

戦国後半期の〈郭店簡〉『六徳《りくとく》』には、「観諸詩・書則亦在矣、観諸礼・楽則亦在矣、観諸易・春秋則亦在矣」（このことを詩・書に確認すればやはり記載があり、このことを礼・楽に確認すればやはり記載があり、このことを易・春秋に確認すればやはり記載がある）とあり（図６－４）、

図６－４　〈郭店簡〉『六徳』第24簡（部分）

多くの研究者が指摘するように、遅くともこの時期には既に六経が成立していたことが窺われる。ただし「六経」という呼称は確認されていない。

楚国での文献の広まり

六経などの文献の伝播《でんぱ》を地域の視点から確認しておこう。〈郭店簡〉には『六徳』など、後世に伝わらなかった佚書《いっしょ》のほか、伝世文献に対応するものとしては、現在の『礼記』の緇《し》衣《い》篇に相当する『緇衣』が含まれているが、〈郭店簡〉が出土した湖北省荊門《けいもん》市郭店《かくてん》一号墓は、戦国後半期の楚国の貴族墓である。

〈上博簡〉は上海博物館が香港の骨董市場から買い取ったもので、出土地は明らかでないが、湖北省より出たという伝聞があり、あるいは郭店墓から盗掘されたものではないかともされる。その〈上博簡〉には『孔子詩論』や第1章で引いた『容成氏』などの佚書のほか、伝世文献に対応するものとして、やはり『礼記』緇衣篇に相当する『紂衣《しい》』や、『礼記』の孔子《こうし》間居《かんきょ》篇に相当する『民之父母《たみのふぼ》』、『周易《しゅうえき》』すなわち『易経』などが含まれている。これにより、南方の楚に経書や後代に『礼記』として集成される礼書が普及していたことがわかる。

このほかに出土地は不明であるが、楚地出土と目されるものに、〈清華簡〉や〈浙江簡〉がある。〈清華簡〉には『尚書』金縢《きんとう》に相当する『周武王有疾周公所自以代王之志《しゅうぶおうゆうしつしゅうこうしょじいだいおうしし》』など、書篇が多く含まれている。〈浙江簡〉には『左伝』の一部が含まれているが、これについては偽作説があり、その真偽をめぐって議論がある。

また、〈郭店簡〉には『老子』に相当する文献も含まれており、道家など他の諸子の文献も広まっていた。

それではこれらの文献はどこから楚にもたらされたのだろうか。戦国期の文字については、各地域の金文や貨幣などの文字の字形により、中国の古文字学者何琳儀《かりんぎ》（一九四三〜二〇〇七年）らによって斉系・燕系・晋系・楚系・秦系といった地域別の字形の特徴が整理されているが、中国の研究者はこれら戦国文字の字形研究を基礎として、〈郭店簡〉と〈上博簡〉には楚系文字のほか、他の地域の字形、とりわけ斉系文字の特徴を強く見出すことができるとしている。更に〈清華簡〉についても一部の篇に他の地域の字形の特徴を具えていることが指摘されており、〈浙江簡〉『左伝』については、小沢賢二はこれを真簡とする立場から、斉魯系の文字の特徴が見出せるとする。

楚簡とされる文献の少なくとも一部は、多くの学者が都に滞在していたことを示す「稷下の学」の語で知られる斉や、その隣国の魯からもたらされ、楚で書写されたということになるだろう。

中山王器銘と文献の広まり

楚などの南方だけでなく、北方でも詩・書などの文献が広まっていた。これを示すのが、戦国後半期に作られた中山王《ちゅうざんおう》の青銅器の銘文である。渡邉英幸（愛知教育大学）によれば、中山国は、春秋後半期に非定住民である狄《てき》に属する鮮虞《せんぐ》と呼ばれる集団によって形成され、戦国期に周王の承認を得た諸侯国である。一九七〇年代に河北省平山《へいざん》県で中山王墓の発掘調査が行われ、一号墓から長文の銘文を有する三件の青銅器が発見された。この三件の金文はそれぞれ時の中山王あるいはその後継者によって作られたものだが、小南一郎（泉屋博古館館長）によって、それぞれ詩・書、特に詩篇をふまえた語彙《ごい》や表現が多く見えることが指摘されている。

三件のうち〈80中山王嚳方壺《ちゅうざんおうさくほうこ》〉（図6－5）を例に挙げておこう。この器は銘文冒頭に「中山王嚳命相邦賙択燕吉金、鋳為彝壺」（中山王嚳が相邦《しょうほう》の賙《しゅう》に命じて燕から得た銅器を選別させ、祭祀に用いる壺を鋳造させた）とあるように、燕王噲《かい》が臣下の子之《しし》に王位を譲り、国内が混乱に陥った燕国に中山国が攻め入った際に、おそらくは略奪した青銅器を鋳つぶして造られたものである。銘文の後文にも「適遭燕君子噲、不顧大義、不旧諸侯、而臣主易位」（時に燕王噲が、大義を顧みず、諸侯との関係を断ち、臣下と主君とが立場を入れ替えるということがおこった）と、この事件に言及し、更に相邦の賙が「是以身蒙甲冑、以誅不順」（そこで自ら甲《かっ》冑《ちゅう》を身につけ、道理に従わない燕を討伐した）とある。銘中の相邦とは後代の相国を指し、賙がその名である。「相国」はやはり漢の初代皇帝劉邦の名を避けた呼称となる。

銘文の語彙・表現について見てみると、「以饗上帝、以祀先王、穆穆済済、厳敬不敢怠荒」（そうして上帝を饗応し、先王を祀り、うるわしく立派に、謹んで決して怠らないようにしたい）という文では、うるわしく立派なさまを示す原文三句目の「穆穆」「済済」が、それぞれ『詩経』大雅・文王に「穆穆文王」（うるわしき文王）、「済済多士」（立派な臣下たち）という用例が見え、これらの表現をふまえたものである。また末尾の決して怠らないという意味の「不敢怠荒」は、類似の表現として『詩経』商頌《しょうしょう》・殷武《いんぶ》に「不敢怠遑」とある。「賙竭志尽忠、以左右厥辟、不弐其心、受任佐邦、夙夜匪解、進賢措能、亡有常息」（賙は誠心誠意、その主君を輔佐し、二心を抱かず、任務を授けられて国家を助け、朝から晩まで職務を怠らず、賢人や能力ある者を任用し、休むことがない）という文では、三句目の二心を抱かないという意味の「不弐其心」は、『詩経』大雅・大明《だいめい》に「無弐其心」という同様の表現が見

図6－5〈80中山王譻方壺〉銘文模本（部分）

える。五句目の朝から晩まで怠らないという意味の「夙夜匪解」は、大雅の烝民《じょうみん》と韓奕《かんえき》に同じ句が見える。このように三件の中山王器の銘文では、『詩経』、それも特に大雅と頌に属する詩の句をふまえた表現が多く使われている。

一方で、六句目の「進賢措能」のように、賢（賢人）と能（能力ある者）を対比させる言い回しは、『孟子』や『墨子』といった戦国期の諸子に見られるものである。賢と能の対比は、銘文中では「慈孝寛恵、挙賢使能」（〔君主として〕誰にでも恩恵を施し、賢者や能力ある者を抜擢《ばってき》したい）という部分でも見られるが、小南一郎は、前の句の分け隔てなく恩恵を施すことを示す「慈孝寛恵」から『墨子』の兼愛説、後の句の「挙賢使能」から賢人の登用を主張する『墨子』の尚賢説と、それぞれ『墨子』からの影響を見出す。

この銘文の語彙や表現から、北方の中山国においても『詩経』などの経書や、『墨子』などの諸子の書が広く読まれていたことを看取することができる。

戦国期には青銅礼器の銘文の数がかなり減少する。そしてその数少ないかつ長文の事例である中山王器銘において、西周金文以来の伝統をふまえた様式ではなく、諸子百家の書を思わせるような文章になっていることは、礼器銘文の時代の終わりを感じさせる。

本章で取り上げた二つの事項、礼制の再編と文献の普及は、ともに諸侯や貴族、儒家などの学者が進めたものであり、これらに関して周王朝は何ら主導権を発揮していない。

終章

祀と戎の行方

戦国期以後

一　王朝の終焉

夏王と称した魏の恵王

「儀礼再編」が定着し、更には中原以外の地域にも詩書礼楽などの文献が普及しつつあった戦国期の、周王朝の動向を見ておこう。

王位は東周第二十代の威烈王から安王《あんおう》・烈王《れつおう》・顕王《けんおう》・慎靚王《しんせいおう》・赧王《たんおう》と継承されていく（図終-1を参照）。再三触れているように、この間に晋では韓・魏・趙の三卿が有力となり、威烈王がこの三晋を諸侯として認めている。その後もしばらく晋の公室は存続したが、結局第四十代静公《せいこう》の時に三晋によって公室が廃された（図5-4の系図を参照）。斉でも、第三十二代康公の時に有力臣下の田氏《でん》（あるいは陳氏《ちん》とも呼ばれる）によって太公望以来の姜姓の公室（姜斉《きょうせい》）が廃され（図5-3の系図を参照）、田氏を君主とする田斉《でんせい》が成立している。そして従来から王と称していた楚などに加えて、まず魏が恵王《けいおう》（あるいは恵成王《けいせいおう》とも）の代から、斉が威王《いおう》の代から、それぞれ王号を称するようになった。晋公室・姜斉公室といった、周王との歴史的な結びつきが深い周初以来の諸侯の廃絶と、中原の諸侯の称王は、周王の権威や存在意義を弱めることとなった。

　これらの国のうち当初強勢を誇ったのが魏であり、文侯《ぶんこう》・武侯《ぶこう》・恵王と三代にわたって、周王朝を奉じて覇者体制の復興をはかる一方で、恵王は「夏王《かおう》」と称した。『戦国策』秦策四の「或為六国説秦王」章に、「魏伐邯鄲、因退為逢沢之遇、乗夏車、称夏王、朝為天子、天下皆従」（魏が邯鄲《かんたん》〔に都を置く趙〕を伐ち、これによって引き揚げて逢沢《ほうたく》〔今の河南省開封《かいほう》市の南〕で会を行うと、〔魏王は〕夏車に乗り、夏王と称し、〔諸侯と〕朝見して天子となり、天下の

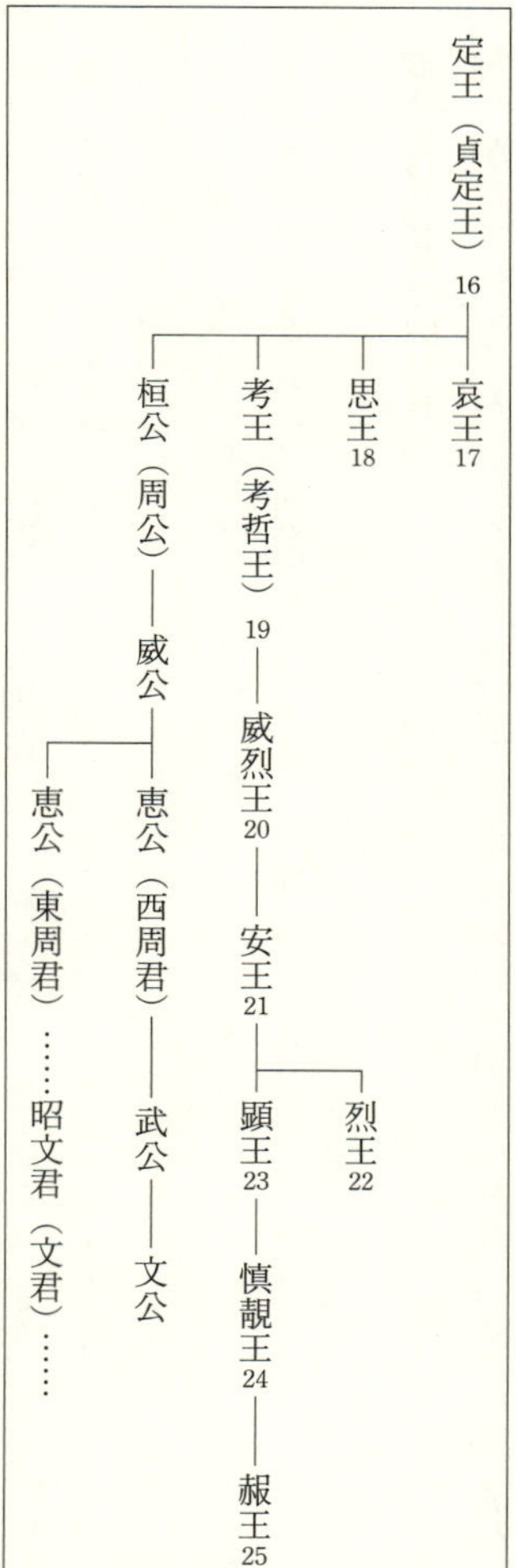

図終－1　戦国期の周王室系図（数字は王位継承の順序）

者はみな従った）とある。楊寛や吉本道雅は、これが魏の君主が王号を称するようになった始まりであるとする。周や殷以前の王朝とされる夏の王、そして天子と称することで、周王に取って代わる意志を示したのである。

しかし魏は、馬陵《ばりょう》の戦いで斉に大敗したことにより衰退していくことになる。孫武の子孫とされる斉の孫臏《そんぴん》が魏の龐涓《ほうけん》を破ったことで知られる戦いである。

再び文武の胙を贈るも……

周王朝はこの前後に、魏にかわる保護者として秦に接近している。『史記』周本紀と秦本紀によれば、衛国出身の政治家商鞅《しょうおう》を抜擢して変法と呼ばれる改革を進めたことで知られる秦の孝公《こうこう》に対して、その在位二年に文武の胙を贈ったとあり、その子の恵文君《けいぶんくん》に対しても、在位四年に文武の胙を贈っている（秦の君主の系譜については図6－2を参照）。特に恵文君に対する賜与については、同時代の出土文献である〈89封宗邑瓦書《ほうそうゆうがしょ》〉（陶器の銘文である。図終－2）の冒頭に「四年、周天子使卿大夫辰来致文武之胙」（〔秦の恵文君〕四年、周の天子が卿大夫の辰《しん》を派遣して文武の胙を贈らせた）という記述があり、史実であることが確かめられる。

文武の胙とは、第5章で触れたように、周の文王・武王の祭祀に供された祭肉を指し、葵丘の盟の際に覇者斉の桓公に与えられたものであった。その後、『史記』越世家によれば、越王勾践《こうせん》に対しても彼が呉を滅ぼした後に、東周第十五代の元王から胙（特に限定はされていないが、おそらく文武の胙であろう）が贈られ、伯すなわち覇者に任命されたとあり、覇者に与えられる賞賜品となっていたようである。当時の周王である第二十三代顕王は、秦の孝公・恵文君父子に、斉の桓公のような役割を期待したのではないかとされている。

しかし前章で述べたように、秦の君主は春秋期から天命を受けた天子と自認していた。果たしてその後恵文君は王号を称することになる（以後、恵文王《けいぶんおう》と呼ぶ）。それにとどまらず、韓・趙・燕、更には小国の宋、前章で取り上げた北辺の中山国といった国の君主までもが王と称するようになった。

そして秦の恵文王の子昭襄王《しょうじょうおう》（あるいは昭王《しょうおう》とも）の時代には、斉の湣王《びんおう》とともに、西《せい》

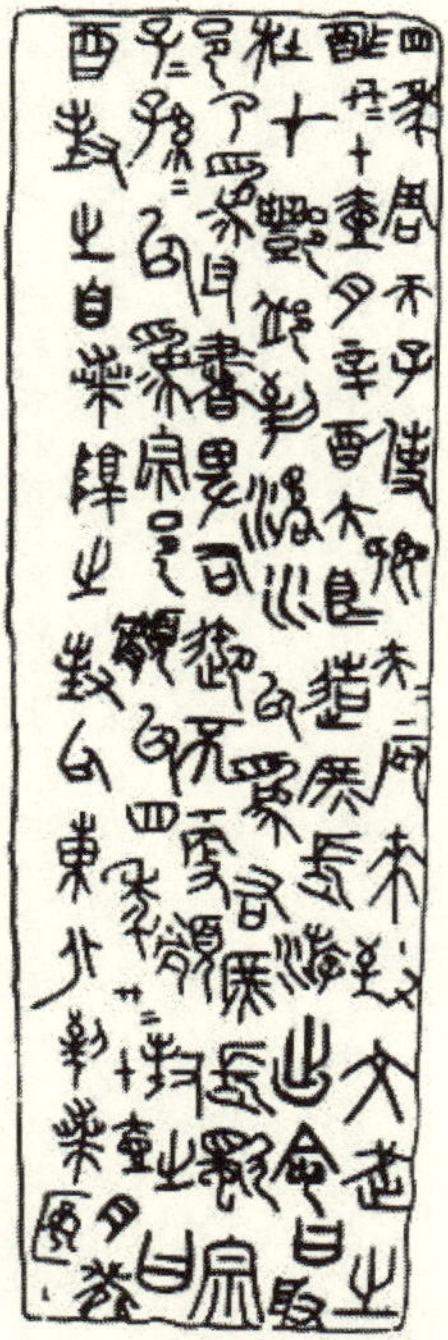

図終－2　〈89封宗邑瓦書〉（模本）

帝《てい》・東帝《とうてい》と、それぞれ帝号を称した。この帝号はすぐに破棄されたが、諸侯は次第に「周王朝後」の世のあり方を模索するようになったのである。

西周君と東周君

一方、この間に周の領地は東西に分裂した。『史記』周本紀などを参照し、その過程を追っておこう。

時はだいぶさかのぼるが、まず東周第二十代威烈王の父考王の時代に、その弟を王城、すなわち漢代の河南県城に相当する区域に封じ、周公の官職を継がせた（王城の配置については図1－8を参照）。周公旦とか春秋期の周公黒肩などに相当するものとしたのだろう。これを西周《せいしゅう》の桓公と称する（図終－1の系譜を参照）。西周の称は、西周王朝とは関係がない。『史記』の注釈では、王城が周王朝の都成周より西に位置するからこのように称されたと説明されるが、実際に西周と呼ばれるようになったのは、次に見る東周の分離独立後ではないかと思われる。銘文中に「周公」の号が見える戦国期の〈57周公戈《しゅうこうか》〉が存在するが、これはこの時期の周公の領地で造られた武器であると見られる。

周公の地位はその後威公《いこう》に受け継がれた。威公が亡くなると、父から寵愛されていた末子が、韓・趙の支援を得て太子（西周の恵公《けいこう》）に対して反乱をおこし、鞏の地（今の河南省鞏義市）を得て独立した。これが東周《とうしゅう》の恵公である。兄と同じ号となる。周本紀では東周の恵公を、西周の恵公の末子で、西周の武公《ぶこう》の弟とするが、ここでは『韓非子』などに見える関連の記述を参照した楊寛『戦国史』の考証に拠《よ》った。

ここに周公の家が西周君と東周君とに分裂したわけである。この東周とは、鞏が西周君の拠点王城の東に位置することによるもので、紛らわしいが、やはり東周王朝とは関係がない。周王は、東周君とは別に存在する。『戦国策』の篇名の東周策・西周策は、この東周国と西周国のことを記す。この西周・東周の呼び分けは当時から存在しており、「西周」の銘の入った貨幣と、「東周」の銘の入った貨幣や青銅器などが残されている。

最後の周王となる赧王は、西周君を頼ってその拠点である王城に周王朝の都を移した。赧王がもといた成周は、東周君の拠点となった。ここに周王室の領地は東西に分裂する。

この西周国と東周国がしばしば対立し、時に戦争になった。しかし、やはり現在の洛陽周辺のごく限られた範囲の中でいがみ合っているうえに、この場合は春秋期の王室内部の争いとは違って、王位をめぐって争うという話ですらない。

赧王の死と周王朝の滅亡

赧王は、周本紀では王赧とも称されており、赧というのは謚号ではなく名であるとする説もある。赧王の名とされる延《えん》が赧と音が通じるのではないかということなのだが、本書では取り敢えず赧王と呼んでおこう。赧王は長命を誇ったようで、在位期間は五十九年に及ぶ。

その赧王の五十九年、秦が韓の陽城《ようじょう》・負黍《ふしょ》の地（ともに今の河南省登封《とうほう》市の近辺）を攻め取ると、西周国が秦の勢いを恐れ、秦と結んでいた盟約に背き、他の諸侯と連携して秦を攻め、秦から陽城へと通じる道を断とうとした。それに怒った秦の昭襄王が軍を西周へと差し向けたので、西周君が自ら秦に赴いて三十六の邑と人口三万を献上し、ようやく許された。

その直後に、西周国では西周君と赧王がともに亡くなり、西周国の民は堰《せき》を切ったように東（おそらく東周君の領地）へと逃亡した。それを承けて秦が九鼎など周王朝の宝物と西周国の領土を接収し、西周君の子を別地に移した。こうして周王朝と西周国が滅亡した。西暦では前二五六年のこととされる。

最後の西周君は武公とされるが、図終－1の系図を参照してわかるように、そうだとすれば赧王との世代差が離れすぎている。伝世文献に伝えられる西周君の系譜については欠落があるのかもしれない。また、西周武公の子は文公とされるが、これも次に触れる東周昭文君と混同しているのではないかとする説もある。

赧王に王子がいたかどうかは定かではないが、いずれにせよ赧王の代で周王朝は終わりだという認識が当時何となく存在し、赧王の長命が周王朝を持ちこたえさせていたような状態だったのだろう（このことは中国古代史研究の山田崇仁氏の御教示による）。ともかく、このようにして周王朝はおよそ八百年の歴史の幕を閉じたのである。

この時点では東周国はまだ存続していたわけであるが、それも七年後の前二四九年に、秦の荘襄王《そうじょうおう》（始皇帝の父）の命を受けた呂不韋《りょふい》によって攻め滅ぼされた。東周君の系譜は西周君より更に不明確であるが、東周君の一人として、『呂氏春秋』に昭文君《しょうぶんくん》、『戦国策』にその略称と思しき文君《ぶんくん》、更に新たに公表された〈北大漢簡〉『周馴《しゅうくん》』には、その同一人物を指す昭文公《しょうぶんこう》という号が見える（君と公は同義）。

『史記』秦本紀では、最後の東周君は呂不韋に攻められた際に誅殺されたとあるが、一方で秦が東周君に土地を与えて周の祭祀を続けさせたとある。これは最後の東周君の子ということになるだろう。

二　周の祀は継承されたか

周の後裔

秦王政すなわち始皇帝の時代に、他の諸侯国も秦によって滅ぼされ、前二二一年に秦による統一が成立した。

前二一〇年に始皇帝が没すると、項梁《こうりょう》（項羽の叔父）が楚王の子孫を擁立して、祖先と同じく懐王《かいおう》と名乗らせ、斉では田儋《でんたん》・田仮《でんか》といった田斉の一族が斉王を称し、魏でも王室の子孫の魏咎《ぎきゅう》・魏豹《ぎひょう》が魏王として擁立されるなど、戦国諸侯の子孫が立てられる動きが相次いだ。しかし周王の子孫を擁立して周王室を復興させようとする動きは遂におこらなかった。田斉や魏などの復興がはかられても、姜斉や晋公室の復興が取り沙汰《ざた》されなかったのと同様に、項羽と劉邦の時代の人々にとって、周王室は復興されるべき「旧体制」の範囲に入っていなかったのである。

しかし前漢の武帝期（在位前一四一～前八七年）以後、周の後裔がにわかに注目されるようになる。

まず武帝の時代に周の子孫の姫嘉《きか》という人物が周子南君《しゅうしなんくん》に封じられ、その祖先の祭祀を司ることとなった。この姫嘉の系譜については伝えられていない。前述のように西周国・東周国の滅亡後も、それぞれの君主の子孫の身柄が保たれたことからすると、赧王ではなく西周君・東周君の系統である可能性もあるだろう。

その後、元帝《げんてい》の時代（在位前四九～前三三年）に姫嘉の孫の延年《えんねん》が周承休侯《しゅうしょうきゅうこう》に昇格し、更にその子孫が平帝《へいてい》の時代（在位前一～後五年）に鄭公《ていこう》、後漢の初代光武帝の時代（在位二五～五七年）に衛公《えいこう》に封じられた。

前漢の武帝から後漢の前半にかけては、儒学尊重の機運が高まっていった時期にあたる。武帝や元帝、また平帝を擁立した王莽《おうもう》は、儒学を尊重あるいは信奉したことで知られる。平帝の時代には王莽により、周に加えて殷王・周公・孔子の子孫も諸侯として立てられている。儒学の官学化ないしは儒教の国教化は、従来は武帝の時代に儒学者董仲舒《とうちゅうじょ》の建議により決定されたと説明されてきたが、近年これに対して疑義が唱えられ、官学化（国教化）の時期をもっと遅らせる説や、前漢から後漢にかけて段階的に進められたとする説などが主張されている。

ともかくこうした背景のもとで、儒学で規定される礼制の源となる周王室の復興がはかられていった。

王莽は周公の夢を見たか

周王朝の「戎」の部分は秦漢帝国によって受け継がれ、「祀」の部分も、儒学の官学化（儒教の国教化）によって後の王朝に受け継がれることになったと本書を締めくくることができればよいのだが、「祀」の継承については、そう簡単にすますことはできない。

前漢を滅ぼして新《しん》王朝（八～二三年）を建てることになる王莽については、外戚として幼少の平帝を輔佐し、平帝の没後は赤子の孺子嬰《じゅしえい》を皇太子として奉じたことから、自らを周公

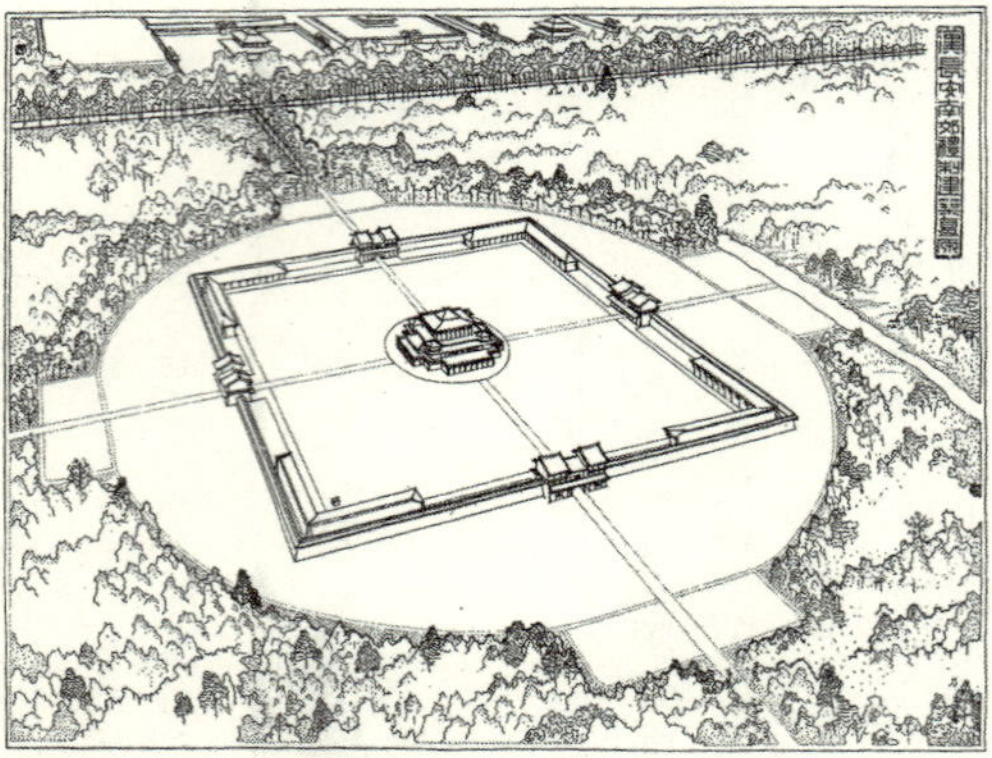

図終－3　大土門遺址復元図

になぞらえたことが知られている。そして伝世文献上でその周公が儀礼を執り行ったとされる明堂《めいどう》及び、儒家の学説の中で明堂と関連づけられた辟雍《へきよう》と霊台《れいだい》を建造させた。

　一九五六年から五七年にかけて西安市近郊、漢の時代の長安城の南にあたる場所で発見・発掘された大土門遺址《だいどもんいし》は、前漢末に王莽が造営させた明堂あるいは辟雍であるとされる（図終－3）。明堂と見る場合は、中央部の建築物が明堂であり、それを取り囲む方形の墻壁《しょうへき》の、更に外側の円形の溝の部分が辟雍であるとされる。辟雍と見る場合は、中央部の建築物や墻壁も含めて、この遺址全体が辟雍であるとされる。

　しかし明堂・辟雍・霊台のうち、周公が生きた西周期の同時代の出土文献で存在が確認されるものは辟雍のみである。仮に大土門遺址全体を辟雍と見るとしても、第2章で確認したように、西周期の辟雍は、璧玉状の池水に舟を浮かべて漁撈の儀礼などが執り行われ、陸地の部分では虎や狼などが放し飼いにされ、祭祀儀礼の場であると同時に、周王の苑囿《えんゆう》でもあった。王莽はこのような「周公の時代」の辟雍の実態を知っていたのだろうか。大土門遺址は苑囿としての辟雍を再現できていたのだろうか。

おそらくはそうではあるまい。王莽が明堂や辟雍の造営にあたって参照したのは、第6章で見たような、東周期以後の儒家が西周期の礼制と信じるものを体系化した『礼記』などの礼書や、礼制に関する後代の学説だった。それらは西周期の実際の礼制とは懸隔がある。

やはり第2章で確認したように、『礼記』王制では、辟雍は天子の大学であるとし、『大戴《だたい》礼記《らいき》』明堂では、辟雍は明堂の外水、すなわち明堂を取り巻く外堀であるとし、ともに苑囿としての実態を語らない。そのような文献を根拠として造営された王莽の辟雍は、当然「周公の時代」のそれとは、似て非なるどころか、まったくの別物ということになる。

アメリカの美術史家巫鴻《ふこう》が述べるように、王莽の明堂や辟雍とは、周代以後の人々が「忘却」していた古い伝統を、文献に散見される関連の記述をたよりに「修復」したものであるが、実際のところ、この「修復」というのは「創造」と呼んだ方が適切なものだったのである。

渡邉義浩（早稲田大学）は王莽を「古典中国」、すなわち儒教によって正統化される中国の古典的国制の形成を初めて試みた人物として評価するが、彼が形成しようとした古典的国制の実態とは、このようなものであった。

周王朝の「祀」は、儒教の国教化によって後代の王朝に継承されたが、もとの形のまま継承されたわけではない。「古典中国」の中に埋没してしまった周王朝の「祀」を浮かび上がらせるには、その違いを意識するところから始めなければならない。

あとがき

「はしがき」で宮崎市定の「西周抹殺論」を槍玉《やりだま》に挙げたが、実は筆者に中国古代史研究の面白さを教えてくれたのも宮崎市定である。

宮崎市定に「身振りと文学―史記成立についての一試論―」(『宮崎市定全集』第五巻、岩波書店、一九九一年)という論文がある。司馬遷の『史記』には、漢代の当時、都市で語られた身振りをともなう語り物が随分と取り入れられているのではないかという内容なのだが、『史記』との対比のために明代の通俗小説『水滸伝《すいこでん》』の訳文を長々と引用したりと、中国史学の研究者の論文としては異色である。

筆者は学部生時代に初めてこれを読み、「古代史の研究というのはこんなに自由な発想でやってもよいものなのか」と随分驚いた記憶がある。本書も読者にそのような新鮮な驚きをもたらすことができただろうか。

本書第4章で引用した『詩経』大雅・文王に、「周雖旧邦、其命維新」(周は古い国であるが、新たに天命が降った)という一節がある。中国古代史の分野も、扱う対象こそ古いものの、新しく発見された出土文献、新しい発想、ネットジャーナルなどの新しい研究発表媒体といった、常に新しいものを追求する分野である（と書くと、他の分野もそうだぞとお叱りを受けるかもしれないが）。

二〇一四年八月に急逝された、学部時代からの恩師木村秀海先生は、生前常に新しい出土文献の報告を得ることにこだわり、新しい電脳機器やウェブサイト、アプリを発掘するなど、「新しいもの」を追求するのに貪欲《どんよく》であった。

こういう研究者はこの分野では他にそうそういないだろうと思っていたら、何のことはない、筆者が二〇〇八年から二〇〇九年にかけて留学した中国の吉林大学古籍研究所では、その新しいものを追求する研究者や学生に多く出会うことができた。先生は日本にあってこの分野の「グローバル・スタンダード」を体現されていたのである。

その先生も、今や文王の詩にあるように、「帝の左右に在る」身である。もし本書を手に取られたら「お前の発想は古い」と慨嘆されるのではないか、それが気がかりである。

本書の企画は、筆者の先輩である落合淳思さんより、同じく中公新書から刊行された『殷―中国史最古の王朝』に次ぐ周王朝の概説書をと提案していただいたことから始まった。日本人の研究者による金文を主要な史料とした周代史の概説書といえば、白川静の『金文の世界』ぐらいしかないが、同書も最初の平凡社東洋文庫版が一九七一年に出版されてから、既に四十年以上が経過している。新しい出土文献や研究成果をもとに周代史をまとめ直す意義は充分にあるのではないかということだった。

そして落合さんから中公新書編集部の藤吉亮平さんを紹介していただき、本書の構成をまとめていくこととなった。

藤吉さんからは、学術書とは異なり、できるだけ物語性を打ち出して欲しいとのことだった。そこで、二つのストーリー・ラインを設定して執筆を進めることにした。まず西周期から東周期にかけて、政治・軍事の主役が、周王及び王畿内で周王に仕える邦君・諸正から、外地を治める諸侯へと変わっていく過程を描くことにした。また、金文を中心とした同時代史料から見出せる西周の歴史や礼制を整理したうえで、諸侯や儒家といった東周人がどのように西周の歴史や礼制を受容し、理想化していったかを見ていくことにした。

また、編集部から、一般の読者に馴染みの深い春秋・戦国時代の話になるべく多く紙幅を割いて欲しいという要望があったが、結局は筆者の専門である西周や出土文献の話を主軸として押し通すことになった。藤吉さんにはそのようなわがままを受け入れていただいたうえで、本書の細部にわたって御助言や御提案をいただいた。

まずはこのお二方に御礼を申し上げたい。

本書を執筆するにあたって、他にも御支援をいただいた先生方や研究機関が多くある。母校の関西学院大学文学部アジア史学研究室と、所属先の立命館大学白川静記念東洋文字文化研究所には、文献の調査にあたって大変お世話になった。もうひとつの所属先である大阪府立大学での受け入れ教員で、筆者が幹事を務める漢字学研究会の代表でもある大形徹先生には、執筆にあたって御高配をいただいた。

日頃からお世話になっている漢字学研究会のメンバー、末次信行・村上幸造・松井嘉徳・馬越靖史・山田崇仁の諸先生方、そして筆者の研究生活を見守ってくれている父母と妹一家にも感謝の意を捧げたい。

隹《こ》れ廿又八年六月初吉癸巳

佐藤信弥

主要参考文献

各項とも日本語文献・中国語文献の順に並べ、それぞれ編著者名の五十音順に配列した。

出土文献図録・釈文・注釈類

浅野裕一「史書としての清華簡『繋年』の性格」、「中国古代における文書の成立と『尚書』の位置」（浅野裕一・小沢賢二『出土文献から見た古史と儒家経典』、汲古書院、二〇一二年）
齋藤加奈「金文通解　克盉・克罍」（『漢字学研究』第一号、二〇一三年）
佐藤信弥「金文通解　虎簋蓋」（『漢字学研究』第三号、二〇一五年）
白川静『金文通釈』（『白川静著作集　別巻』、平凡社、二〇〇四～〇五年）
馬越靖史「金文通解　逑盤」（『漢字学研究』第二号、二〇一四年）
三輪健介「金文通解　子犯鐘」（『漢字学研究』第一号、二〇一三年）
村上幸造「金文通解　史密簋」（『漢字学研究』第一号、二〇一三年）
吉本道雅「清華簡繫年考」（『京都大学文学部研究紀要』第五二号、二〇一三年）
王輝『商周金文』（文物出版社、二〇〇六年）
郭沫若主編、中国社会科学院歴史研究所編『甲骨文合集』（中華書局、一九七七～八二年）
胡厚宣主編、王宇信・楊升南総審校『甲骨文合集釈文』（中国社会科学出版社、一九九九年）
呉鎮烽編『商周青銅器銘文曁図像集成』（上海古籍出版社、二〇一二年）
湖北省博物館・湖北省文物考古研究所・随州市博物館等『随州葉家山―西周早期曽国墓地』（文物出版社、二〇一三年）
徐錫台『周原甲骨文綜述』（三秦出版社、一九八七年）
随州市博物館編『随州出土文物精粋』（文物出版社、二〇〇九年）

清華大学出土文献研究与保護中心編、李学勤主編『清華大学蔵戦国竹簡』(壱)(中西書局、二〇一〇年)
清華大学出土文献研究与保護中心編、李学勤主編『清華大学蔵戦国竹簡』(弐)(中西書局、二〇一一年)
曹瑋『周原甲骨文』(世界図書出版、二〇〇二年)
曹錦炎編『浙江大学蔵戦国楚簡』(浙江大学出版社、二〇一一年)
蘇建洲・呉雯雯・頼怡璇『清華二《繫年》集解』(万巻楼、二〇一三年)
中国社会科学院考古研究所編『殷周金文集成(修訂増補本)』(中華書局、二〇〇七年)
馬承源主編『商周青銅器銘文選』(文物出版社、一九八六〜九〇年)
馬承源主編『上海博物館蔵戦国楚竹書』(一)(上海古籍出版社、二〇〇一年)
馬承源主編『上海博物館蔵戦国楚竹書』(二)(上海古籍出版社、二〇〇二年)
武漢大学簡帛研究中心・荊門市博物館編著『楚地出土戦国簡冊合集(一)郭店楚墓竹書』(文物出版社、二〇一一年)
北京大学出土文献研究所編『北京大学蔵西漢竹書』(参)(上海古籍出版社、二〇一五年)
劉雨・盧岩編『近出殷周金文集録』(中華書局、二〇〇二年)
劉雨・厳志斌編『近出殷周金文集録二編』(中華書局、二〇一〇年)

伝世文献校訂・訳注類

小倉芳彦訳『春秋左氏伝』(岩波文庫、一九八八〜八九年)
小竹文夫・小竹武夫訳『史記』(ちくま学芸文庫、一九九五年)
白川静訳注『詩経国風』(平凡社東洋文庫、一九九〇年)
白川静訳注『詩経雅頌』(平凡社東洋文庫、一九九八年)
竹添進一郎編著『左氏会箋』(冨山房、一九一一年)
吉川幸次郎編著『中国古典選　論語』(朝日選書、一九九六年)

主要参考文献

王聘珍撰、王文錦点校『大戴礼記解詁』（中華書局、一九八三年）
司馬遷撰、裴駰集解、司馬貞索隠、張守節正義『史記』（点校本二十四史修訂本、中華書局、二〇一三年）
司馬遷撰、瀧川資言考証、楊海崢整理『史記会注考証』（上海古籍出版社、二〇一五年）
上海師範大学古籍整理研究所校点『国語』（上海古籍出版社、一九九八年）
十三経注疏整理委員会整理『十三経注疏　整理本』（北京大学出版社、二〇〇〇年）
方詩銘・王修齢撰『古本竹書紀年輯証（修訂本）』（上海古籍出版社、二〇〇五年）
楊伯峻編著『春秋左伝注（修訂本）』（中華書局、一九九〇年）
劉向集録『戦国策』（上海古籍出版社、一九八五年第二版）
呂不韋著、陳奇猷校釈『呂氏春秋新校釈』（上海古籍出版社、二〇〇二年）

全体に関わるもの

小澤正人・谷豊信・西江清高『中国の考古学』（世界の考古学七、同成社、一九九九年）
貝塚茂樹・伊藤道治『古代中国』（講談社学術文庫、二〇〇〇年）
佐藤信弥『西周期における祭祀儀礼の研究』（朋友書店、二〇一四年）
白川静『金文の世界』（『白川静著作集』第五巻、平凡社、二〇〇〇年）
竹内康浩「西周」（松丸道雄等編『世界歴史大系　中国史一―先史～後漢―』、山川出版社、二〇〇三年）
林巳奈夫『殷周時代青銅器の研究』（吉川弘文館、一九八四年）
松井嘉徳『周代国制の研究』（汲古書院、二〇〇二年）
吉本道雅「西周紀年考」（『立命館文学』第五八六号、二〇〇四年）
吉本道雅『中国先秦史の研究』（京都大学学術出版会、二〇〇五年）
尹盛平『周原文化与西周文明』（江蘇教育出版社、二〇〇五年）

夏商周断代工程専家組『夏商周断代工程一九九六―二〇〇〇年階段成果報告』(世界図書出版、二〇〇〇年)
許倬雲『西周史(増補二版)』(生活・讀書・新知三聯書店、二〇一二年)
井中偉・王立新『夏商周考古学』(科学出版社、二〇一三年)
譚其驤主編『中国歴史地図集』第一冊(地図出版社、一九八二年)
中国社会科学院考古研究所編『中国考古学　両周巻』(中国社会科学出版社、二〇〇四年)
楊寛『西周史』(上海人民出版社、一九九九年)
李峰著、呉敏娜・胡暁軍・許景昭・侯昱文訳『西周的政体　中国早期的官僚制度和国家』(生活・讀書・新知三聯書店、二〇一〇年)

はしがき

加地伸行『儒教とは何か(増補版)』(中公新書、二〇一五年)
宮崎市定「中国古代史概論」(『宮崎市定全集』第三巻、岩波書店、一九九一年)
宮崎市定『中国史(上)』(岩波文庫、二〇一五年)

序章

松井嘉徳「西周史の時期区分について」(『史窓』第六八号、二〇一一年)
松丸道雄「西周青銅器製作の背景―周金文研究・序章―」、「西周青銅器中の諸侯製作器について―周金文研究・序章その二―」(松丸道雄編『西周青銅器とその国家』、東京大学出版会、一九八〇年)
李峰「西周青銅器銘文制作方法釈疑」(『考古』二〇一五年第九期

第1章

主要参考文献

飯島武次「渭河流域先周・西周遺跡調査報告」（飯島武次編『中国渭河流域の西周遺跡Ⅱ』、同成社、二〇一三年）
落合淳思『殷―中国史最古の王朝』（中公新書、二〇一五年）
角道亮介「周原と宗周」（『西周王朝とその青銅器』、六一書房、二〇一四年）
佐藤信弥「「三監の乱」説話の形成―清華簡『繫年』第三章より見る―」（『漢字学研究』第二号、二〇一四年）
徐天進著、堀渕宜男訳「周公廟遺跡から得られた考古資料と所感」（飯島武次編『中国渭河流域の西周遺跡』、同成社、二〇〇九年）
白川静「召方考」（『白川静著作集別巻　甲骨金文学論叢［上］』、平凡社、二〇〇八年）
豊田久「周王朝における君主権の構造について―「天命の膺受」者を中心に―」（『周代史の研究』、汲古書院、二〇一五年）
西江清高・渡部展也「関中平原西部における周遺跡の立地と地理環境―水資源の問題を中心として―」（飯島武次編『中国渭河流域の西周遺跡』、同成社、二〇〇九年）
平勢隆郎『よみがえる文字と呪術の帝国』（中公新書、二〇〇一年）
『毎日新聞』「史記に記述「殷・紂王の兄」　文献上の人物実在を初確認」（『毎日新聞縮刷版』二〇〇二年一一月二三日朝刊）
松井嘉徳「記憶される西周史―逨盤銘の解読―」（『東洋史研究』第六四巻第三号、二〇〇五年）
松丸道雄「河南鹿邑県長子口墓をめぐる諸問題―古文献と考古学との邂逅―」（『中国考古学』第四号、二〇〇四年）
尹盛平「試論金文中的〝周〟」（『周文化考古研究論集』、文物出版社、二〇一二年）
王恩田「鹿邑太清宮西周大墓与微子封宋」（『中原文物』二〇〇二年第四期）
王国維「鬼方昆夷獫狁考」（『観堂集林』巻一三、中華書局、一九五九年）
王明珂『華夏辺縁　歴史記憶与族群認同』（社会科学文献出版社、二〇〇六年）
郭静云（ゴロデッカヤ）「殷周王家関係研究」（『考古与文物』二〇一三年第二期）

黄懐信「利簋銘文再認識」(『古文研与古史考論』、斉魯書社、二〇〇三年)
山東省文物考古研究所「山東高青県陳荘西周遺址」(『考古』二〇一〇年第八期)
山東省文物考古研究所「山東高青県陳荘西周遺存発掘簡報」(『考古』二〇一一年第二期)
任偉「魯国的始封及相関問題研究」、「姜姓的起源地与斉国始封問題」(『西周封国考疑』、社会科学文献出版社、二〇〇四年)
李雪山『商代分封制度研究』(中国社会科学出版社、二〇〇四年)
林澐「長子口墓不是微子墓」(『林澐学術文集(二)』、科学出版社、二〇〇八年)

第2章

伊藤道治「姫姓諸侯の歴史地理的意義」(『中国古代王朝の形成―出土資料を中心とする殷周史の研究―』、創文社、一九七五年)
伊藤道治「西周封建制度の形態」(『中国古代国家の支配構造―西周封建制度と金文―』、中央公論社、一九八七年)
岡村秀典『中国文明　農業と礼制の考古学』(京都大学学術出版会、二〇〇八年)
貝塚茂樹『中国古代史学の発展』(『貝塚茂樹著作集』第四巻、中央公論社、一九七七年)
柿沼陽平「殷周宝貝文化とその「記憶」―中国古代貨幣経済史の起源に関する「記憶」の形成―」(『中国古代貨幣経済史研究』、汲古書院、二〇一一年)
木村秀海「西周時代の身分制」(『関西学院史学』第三九号、二〇一二年)
佐藤信弥「周秦漢代における辟雍の位相―礼楽センターと君主の苑囿の二つの機能に注目して―」(『郵政考古学紀要』第五〇号「佐藤武敏先生頌寿記念論考」、二〇一〇年)
高島敏夫「西周〈昭穆期〉の位相［話体版］(三)―西周王朝形成過程論序説―」(『西伯』第三号、一九九七年)
竹内康浩『中国王朝の起源を探る』(山川出版社　世界史リブレット、二〇一〇年)

谷秀樹「西周代陝東戦略考―「𠂤」との関わりを中心にして―［西周中期改革考（三）］」（『立命館文学』第六二六号、二〇一二年）
尹弘兵「地理学与考古学視野下的昭王南征」（『歴史研究』二〇一五年第一期）
袁俊傑『両周射礼研究』（科学出版社、二〇一三年）
王国維「殷周制度論」（『観堂集林』巻一〇、中華書局、一九五九年）
黄鳳春・胡剛「説西周金文中的〝南公〟―兼論随州葉家山西周曽国墓地的族属」（『江漢考古』二〇一四年第二期）
湖北省文物考古研究所・随州市博物館「湖北省文峰塔M1（曽侯与墓）・M2発掘簡報」（『江漢考古』二〇一四年第四期）
朱鳳瀚『商周家族形態研究（増訂本）』（天津古籍出版社、二〇〇四年）
張懋鎔「周人不用日名説」（『古文字与青銅器論集』、科学出版社、二〇〇二年）
杜金鵬「試論商代早期王宮池苑考古発現」（『考古』二〇〇六年第一一期）
馬承源主編『中国青銅器（修訂本）』（上海古籍出版社、二〇〇三年）
李学勤「由新見青銅器看西周早期的鄂・曽・楚」（『三代文明研究』、商務印書館、二〇一一年）
李学勤「胡応姫鼎試釈」（『出土文献与古文字研究』第六輯、上海古籍出版社、二〇一五年）
劉雨「西周金文中的祭祖礼」（『金文論集』、紫禁城出版社、二〇〇八年）

第3章

角道亮介「青銅器祭祀の変革とその背景」（『西周王朝とその青銅器』、六一書房、二〇一四年）
木村秀海「柞伯鼎銘文の検討」（『郵政考古学紀要』第五〇号「佐藤武敏先生頌寿記念論考」、二〇一〇年）
小南一郎『中国文明　天命と青銅器』（京都大学学術出版会、二〇〇六年）
高島敏夫「西周〈昭穆期〉の位相［話体版］（四）―西周王朝形成過程論序説―」（『西伯』第四号、一九九八年）

髙野義弘「甲骨文字史料の集計・分析を中心とする史字の再解釈」（『歴史学研究』第九一六号、二〇一四年）
松丸道雄「西周時代の重量単位」（『東洋文化研究所紀要』第一一七冊、一九九二年）
ロータール・フォン・ファルケンハウゼン著、吉本道雅解題・訳「西周後期における貴族の再編」（『周代中国の社会考古学』、京都大学学術出版会、二〇〇六年）
王晶『西周渉法銘文匯釈及考証』（中国社会科学出版社、二〇一三年）
韓巍「親簋年代及相関問題」（朱鳳瀚編『新出金文与西周歴史』、上海古籍出版社、二〇一一年）
張光裕「虎簋甲・乙蓋銘合校小記」（『雪斎学術論文二集』、芸文印書館、二〇〇四年）
張光裕「新見老簋銘文及其年代」（『雪斎学術論文二集』、芸文印書館、二〇〇四年）

第4章

小沢賢二「清華簡『尚書』文体考」、「中国古代における文書の成立と『尚書』の位置」（浅野裕一・小沢賢二『出土文献から見た古史と儒家経典』、汲古書院、二〇一二年）
落合淳思『古代中国の虚像と実像』（講談社現代新書、二〇〇九年）
木村秀海「琱生三器釈読」（『漢字学研究』第一号、二〇一三年）
斉藤国治・小沢賢二『中国古代の天文記録の検証』（雄山閣出版、一九九二年）
白川静『詩経　中国古代の歌謡』（『白川静著作集』第九巻、平凡社、二〇〇〇年）
松井嘉徳「呉虎鼎銘考釈―西周後期、宣王期の実像を求めて―」（『史窓』第六一号、二〇〇四年）
吉本道雅「書評・松井嘉徳著『周代国制の研究』」（『史窓』第六〇号、二〇〇三年）
李峰「多友鼎銘文をめぐる歴史地理的問題の解決―周王朝の西北経略を解明するために・その一―」（『論集　中国古代の文字と文化』、汲古書院、一九九九年）
王治国「四十三年逨鼎銘文所反映的西周晩期冊命礼儀的変化」（朱鳳瀚編『新出金文与西周歴史』、上海古籍出版社、二

〇一一年）
朱鳳瀚「由伯㦽父簋銘再論周厲王征淮夷」（『古文字研究』第二七輯、二〇〇八年）
陳夢家「王若曰考」（『尚書通論』、中華書局、二〇〇五年）
唐蘭「周王㝬鐘考」（『唐蘭先生金文論集』、紫禁城出版社、一九九五年）
李峰著、徐峰訳、湯恵生校『西周的滅亡　中国早期国家的地理和政治危機』（上海古籍出版社、二〇〇七年）

第5章

上原淳道「虢の歴史および鄭と東虢との関係─「鄭の文化」第二章─」（『上原淳道中国史論集』、汲古書院、一九九三年）
貝塚茂樹『『春秋』に現れる錫命礼」（『中国の古代国家』、『貝塚茂樹著作集』第一巻、中央公論社、一九七六年）
後藤均平「王才成周考」（『東洋学報』第四四巻第三号、一九六一年）
谷秀樹「西周代天子考」（『立命館文学』第六〇八号、二〇〇八年）
豊田久「周天子と〝文・武の胙〟の賜与について─成周王朝とその儀礼その意味─」（『史観』第一二七冊、一九九二年）
松井嘉徳「周王の称号─王・天子、あるいは天王─」（『立命館大学白川静記念東洋文字文化研究所』第六号、二〇一二年）
松井嘉徳「顧命の臣─西周、成康の際─」（『アジア史学論集』第一〇号、二〇一六年）
水野卓「春秋時代の周王─その統治権と諸侯との関係に注目して─」（『史学』第一～三号第二分冊、二〇一五年）
吉本道雅「春秋五等爵考」（『東方学』第八七輯、一九九四年）
顧炎武撰、黄汝成集釈『日知録集釈』、巻四「天王」「五伯」（中文出版社、一九七八年）
顧徳融・朱順龍『春秋史』（上海人民出版社、二〇〇三年）

任偉「虢国的始封及其変遷考」（『西周封国考疑』、社会科学文献出版社、二〇〇四年）
童書業『春秋左伝研究』（上海人民出版社、一九八〇年）
劉知幾撰、浦起龍釈『史通通釈』、巻一六「雑説上」（上海古籍出版社、一九七八年）

第6章

青木正児「詩教発展の径路より見て采詩の官を疑ふ」（『支那文芸論藪』、『青木正児全集』第二巻、一九七〇年）
浅野裕一・小沢賢二『浙江大『左伝』真偽考』（汲古書院、二〇一三年）
池澤優「西周春秋時代の孝と祖先崇拝」、「戦国時代における祖先崇拝と『孝』の思想」（『「孝」思想の宗教学的研究　古代中国における祖先崇拝の思想的発展』、東京大学出版会、二〇〇二年）
胡適著、楊祥蔭・内田繁隆訳『古代支那思想の新研究』（大空社、一九九八年）
小南一郎「中山王陵三器銘とその時代背景」（林巳奈夫編『戦国時代出土文物の研究』、京都大学人文科学研究所、一九八五年）
佐藤信弥「清華簡『耆夜』の引詩とその背景」（『中国古代史論叢』八集、二〇一五年）
白川静『孔子伝』（『白川静著作集』第六巻、平凡社、一九九九年）
福田哲之『文字の発見が歴史をゆるがす　二〇世紀中国出土文字資料の証言』（二玄社、二〇〇三年）
吉本道雅「春秋卿大夫考」（『金啓琮先生逝世周年紀念文集』、東亜歴史文化研究会、二〇〇五年）
ロータール・フォン・ファルケンハウゼン著、吉本道雅解題・訳「上級貴族と下級貴族の分裂」（『周代中国の社会考古学』、京都大学学術出版会、二〇〇六年）
渡邉英幸「鮮虞中山国の成立」（『古代〈中華〉観念の形成』、岩波書店、二〇一〇年）
王輝・王偉編著『秦出土文献編年訂補』（三秦出版社、二〇一四年）
何琳儀『戦国文字通論（訂補）』（江蘇教育出版社、二〇〇三年）

沈長雲・李晶「春秋官制与『周礼』比較研究—『周礼』成書年代再探討」（『歴史研究』二〇〇四年第六期）
馮勝君『郭店簡与上博簡対比研究』（線装書局、二〇〇七年）

終章

渡邉義浩『王莽　改革者の孤独』（大修館書店あじあブックス、二〇一二年）
呉栄曽「東周西周両国史研究」（『先秦両漢史研究』、中華書局、一九九五年）
中国社会科学院考古研究所編著『西漢礼制建築遺址』（文物出版社、二〇〇三年）
董珊「〝周公戈〟弁偽之翻案」（『華夏考古』二〇〇七年第三期）
巫鴻著、李清泉・鄭岩等訳「紀念碑式城市—長安」（『中国古代芸術与建築中的「記念碑性」』、上海人民出版社、二〇〇九年）
楊寛『戦国史』（台湾商務印書館、一九九七年）
楊寛『戦国史料編年輯証』（上海人民出版社、二〇〇一年）

図版出典

西周期中心区域図　譚其驤主編『中国歴史地図集』第一冊（地図出版社、一九八二年）、一七〜一八頁をもとに作図。
春秋期全体図　譚其驤主編『中国歴史地図集』第一冊（地図出版社、一九八二年）、二〇〜二一頁をもとに作図。
戦国期全体図　譚其驤主編『中国歴史地図集』第一冊（地図出版社、一九八二年）、三一〜三二頁をもとに作図。
各章章扉　馬承源主編『中国青銅器（修訂本）』（上海古籍出版社、二〇〇三年）、第三章、図一九（伯彧簋）。
図序-1　左図・右図とも国立故宮博物院編輯委員会編『故宮西周金文録』（国立故宮博物院、二〇〇一年）、九〇。
図序-2　集成二九四三。
図1-2　『赫赫宗周　西周文化特展』（国立故宮博物院、二〇一三年）、三六頁。
図1-3　合集六六五七正。
図1-4　左図：『中国青銅器全集』第五巻（文物出版社、一九九六年）、四九。右図：集成四一三一。
図1-6　清華大学出土文献研究与保護中心編、李学勤主編『清華大学蔵戦国竹簡』（弐）（中西書局、二〇一一年）、四六頁。
図1-7　左図：『毎日新聞』「史記に記述「殷・紂王の兄」　文献上の人物実在を初確認」（『毎日新聞縮刷版』二〇〇二年一一月二三日朝刊）。右図：二編五三二。
図1-8　飯島武次『中国周文化考古学研究』（同成社、一九九八年）、第五四図。
図2-1　近出九八七。
図2-2　湖北省文物考古研究所・随州市博物館「湖北省文峰塔M1（曽侯与墓）・M2発掘簡報」（『江漢考古』二〇一四年第四期）、一七頁。

図2-3　洛陽市文物考古研究院「洛陽鉄道・龍錦嘉園西周墓発掘簡報」（『中国国家博物館館刊』二〇一五年第一一期）、図三九。

図2-4　井中偉・王立新『夏商周考古学』（科学出版社、二〇一三年）、図版4-3。

図2-5　二編二九二。

図2-6　随州市博物館編『随州出土文物精粋』（文物出版社、二〇〇九年）、三二。

図3-1　陝西省考古研究所・宝鶏市考古工作隊・眉県文化館（楊家村聯合考古隊）「陝西眉県楊家村西周青銅器窖蔵発掘簡報」（『文物』二〇〇三年第六期）、図五一。

図3-2　上段：朱鳳瀚『中国青銅器綜論』（上海古籍出版社、二〇〇九年）、図五・三・八（大盂鼎）。下段：同書、図五・二七・九（荀侯盤）。

図3-3　陝西省考古研究所・宝鶏市考古工作隊・眉県文化館（楊家村聯合考古隊）「陝西眉県楊家村西周青銅器窖蔵発掘簡報」（『文物』二〇〇三年第六期）、図五。

図3-4　集成二八二九。

図3-5　上図：楊鴻勛「西周岐邑建築遺址初歩考察」（『文物』一九八一年第三期）、図三。下図：李峰著、呉敏娜・胡暁軍・許景昭・侯昱文訳『西周的政体　中国早期的官僚制度和国家』（生活・讀書・新知三聯書店、二〇一〇年）、図一三をもとに作図。

図3-6　張光裕「新見老簋銘文及其年代」（『雪斎学術論文二集』、芸文印書館、二〇〇四年）、附図一。

図4-1　左図：集成二六〇。右図：集成四三一七。

図4-2　集成二八四一。

図4-3　集成一〇一七四。

図5-1　清華大学出土文献研究与保護中心編、李学勤主編『清華大学蔵戦国竹簡』（弐）（中西書局、二〇一一年）、四四頁。

図5-2　譚其驤主編『中国歴史地図集』第一冊（地図出版社、一九八二年）、二四～二五頁をもとに作図。
図5-5　近出一九。
図6-1　左図：集成二六二。右図：集成一〇一七一。
図6-3　譚維四『曾侯乙墓』（文物出版社、二〇〇一年）、口絵五。
図6-4　武漢大学簡帛研究中心・荊門市博物館編著『楚地出土戦国簡冊合集（一）郭店楚墓竹書』（文物出版社、二〇一一年）、図版九〇頁。
図6-5　集成九七三五。
図終-2　呉鎮烽一九九二〇。
図終-3　王世仁「漢長安城南郊礼制建築（大土門村遺址）原状的推測」（『考古』一九六三年第九期）、図二一。

【マ行】
90毛公鼎（集成2841） 8, 121, 134, 169

【ヤ行】
91四十二年逑鼎（二編328～329） 126

【ラ行】
92逑盤（二編939） 84, 107
93利簋（集成4131） 30, 32, 34
94呂服余盤（集成10169） 91, 92
95令方彝（集成9901）
50, 52, 53, 61, 62, 64, 90, 98, 106
96老簋（二編426） 95
97親簋（二編440） 104
98彔戓卣（集成5419～5420） 77
99六年琱生簋（集成4293） 121

【サ行】
40蔡侯鐘（集成210～218） 182
41蔡侯盤（集成10171） 181, 184
42作冊睘卣（集成5407） 75
43柞伯鼎（二編327） 102, 106, 150, 151, 174
44散氏盤（集成10176） 100, 121, 171
45三年師兌簋（集成4318～4319） 118
46師𩛥簋蓋（集成4283～4284） 91, 92, 98, 105
47師寰簋（集成4313～4314） 127
48師猒簋（集成4311） 118, 119
49師克盨（集成4467～4468） 34
50史墻盤（集成10175） 75, 84
51士上卣（集成5421～5422） 62, 69
52此鼎（集成2821～2823） 107
53子犯鐘（近出10～25） 161
54史密簋（近出489） 101
55者減鐘（集成193～202） 47
56師酉簋（集成4288～4291） 179
57周公戈（呉鎮烽16813） 208
58十五年趞曹鼎（集成2784） 94, 107
59殳季良父壺（集成9713） 187
60訇簋（集成4321） 179
61小盂鼎（集成2839） 73, 131
62頌鼎（集成2827～2829） 85, 87-90, 92, 96, 98, 102, 164
63師嫠簋（集成4324～4325） 119
64秦景公石磬（呉鎮烽19781～19806） 179
65晋公盆（集成10342） 159, 161
66秦公及王姫鐘（集成262～266） 178, 184
67晋侯蘇鐘（近出35～50） 113, 115, 134, 160
68静簋（集成4273） 67
69静方鼎（近出357） 76
70曽侯犺簋（『随州葉家山』） 54
71曽侯作父乙方鼎（『随州葉家山』） 72
72曽侯腴鐘（Ａ組）（「湖北省文峰塔M1〔曽侯与墓〕・M2発掘簡報」） 55, 146, 183, 184
73曽侯腴鐘（Ｂ組）（「湖北省文峰塔M1〔曽侯与墓〕・M2発掘簡報」） 72
74楚公冢鐘（近出3） 156
75楚公逆鐘（近出97） 155

【タ行】
76大盂鼎（集成2837） 33, 34, 56, 73
77大保簋（集成4140） 38
78多友鼎（集成2835） 130, 134
79中甗（集成949） 76
80中山王嚳方壺（集成9735） 200
81長子口卣（二編532） 41

【ハ行】
82伯㦰父簋（呉鎮烽5276～5277） 113
83伯唐父鼎（近出356） 66, 69
84麦方尊（集成6015） 65
85浩司徒逘簋（集成4059） 39
86不其簋蓋（集成4328～4329） 133
87望簋（集成4272） 96
88豊觥（呉鎮烽13658） 42, 56
89封宗邑瓦書（呉鎮烽19920） 206

引用金文等索引

本文中に引用した金文及び一部石刻・陶器銘文を、器名の五十音順に配列した。出典となる図録の略称は以下の通りとなる。この四つ以外から引く場合は、文献名を示した。詳しい書誌については「主要参考文献」を参照。

集成　『殷周金文集成』
近出　『近出殷周金文集録』
二編　『近出殷周金文集録二編』
呉鎮烽　呉鎮烽編『商周青銅器銘文暨図像集成』

【ア行】
01遹簋（集成4207）　66, 67, 69, 79, 95
02禹鼎（集成2833～2834）　132
03永盂（集成10322）　98-101, 103
04燕侯旨鼎（集成2628）　60, 69
05応公鼎（二編292）　71
06王作䵼彝簋蓋（集成3389）　113
07王作仲姬方鼎（集成2147）　113
08王子聖觚（集成7296）　38

【カ行】
09何簋（呉鎮烽5136～5137）　72
10虢姜簋蓋（集成4182）　187
11鄂侯鼎（集成2810）　133
12虢仲盨（集成4435）　103
13何尊（集成6014）　31, 34, 44, 72
14過伯簋（集成3907）　75
15函皇父鼎（集成2745）　135
16元年師兌簋（集成4274～4275）　118
17義盉蓋（集成9453）　61, 63, 69, 92, 104, 144
18宜侯夨簋（集成4320）　57, 60
19匡卣（集成5423）　95, 107
20競卣（集成5425）　77, 79
21禽簋（集成4041）　42
22邢侯簋（集成4241）　106
23兮甲盤（集成10174）　124, 127
24京師畯尊（呉鎮烽11784）　74
25卿盤（呉鎮烽14432）　38
26逆鐘（集成60～63）　119
27犺簋（「説西周金文中的“南公”」）　55
28效卣（集成5433）　64
29胡応姬鼎（「胡応姬鼎試釈」）　75
30呉王光鑑（集成10298～10299）　182
31㝬簋（集成4317）　110, 112-114, 184
32虎簋蓋（近出491・二編442）　94, 95, 174
33敔簋蓋（近出483）　56
34克罍（近出987）　53, 57, 59, 60
35五祀衛鼎（集成2832）　99, 100, 105
36五祀㝬鐘（集成358）　110, 112
37㝬鐘（宗周鐘）（集成260）　110-113, 121, 184
38五年琱生簋（集成4292）　121
39五年琱生尊（二編587～588）　121

佐藤信弥（さとう・しんや）

1976年（昭和51年）兵庫県生まれ．関西学院大学大学院文学研究科博士課程後期課程単位取得退学．関西学院大学博士（歴史学）．専攻は中国殷周史．現在，立命館大学白川静記念東洋文字文化研究所客員研究員，大阪府立大学客員研究員．

著書『西周期における祭祀儀礼の研究』朋友書店，2014年
『中国古代史研究の最前線』星海社新書，2018年
論文「西周諸侯の始祖号について」『人文論究』第55巻第2号，2005年
「「三監の乱」説話の形成」『漢字学研究』第2号，2014年
ほか

周《しゅう》――理想化《りそうか》された古代王朝《こだいおうちょう》
中公新書 *2396*

2016年9月25日初版
2024年12月25日3版

著　者　佐藤信弥
発行者　安部順一

本文印刷　三晃印刷
カバー印刷　大熊整美堂
製　　本　小泉製本

発行所　中央公論新社
〒100-8152
東京都千代田区大手町1-7-1
電話　販売　03-5299-1730
　　　編集　03-5299-1830
URL https://www.chuko.co.jp/

Published by CHUOKORON-SHINSHA, INC.
Printed in Japan　ISBN978-4-12-102396-4 C1222

世界史

中公新書

- 2683 人類の起源 篠田謙一
- 1353 物語 中国の歴史 寺田隆信
- 2780 物語 江南の歴史 岡本隆司
- 2392 中国の論理 岡本隆司
- 2728 孫子―「兵法の真髄」を読む 渡邉義浩
- 7 宦官《かんがん》（改版） 三田村泰助
- 15 科挙《かきょ》 宮崎市定
- 12 史記 貝塚茂樹
- 2099 三国志 渡邉義浩
- 2669 古代中国の24時間 柿沼陽平
- 2303 殷―中国史最古の王朝 落合淳思
- 2396 周―理想化された古代王朝 佐藤信弥
- 2542 漢帝国―400年の興亡 渡邉義浩
- 2667 南北朝時代―五胡十六国から隋の統一まで 会田大輔
- 2769 隋―「流星王朝」の光芒 平田陽一郎
- 2742 唐―東ユーラシアの大帝国 森部豊
- 2804 元朝秘史―チンギス・カンの一級史料 白石典之
- 1812 西太后《せいたいこう》 加藤徹
- 2030 上海 榎本泰子
- 1144 台湾 伊藤潔
- 2581 台湾の歴史と文化 大東和重
- 925 物語 韓国史 金両基
- 2748 物語 チベットの歴史 石濱裕美子
- 1367 物語 フィリピンの歴史 鈴木静夫
- 1372 物語 ヴェトナムの歴史 小倉貞男
- 2208 物語 シンガポールの歴史 岩崎育夫
- 1913 物語 タイの歴史 柿崎一郎
- 2249 物語 ビルマの歴史 根本敬
- 1551 海の帝国 白石隆
- 2518 オスマン帝国 小笠原弘幸
- 2323 文明の誕生 小林登志子
- 2727 古代オリエント全史 小林登志子
- 2523 古代オリエントの神々 小林登志子
- 1818 シュメル―人類最古の文明 小林登志子
- 1977 シュメル神話の世界 岡田明子 小林登志子
- 2613 古代メソポタミア全史 小林登志子
- 2661 アケメネス朝ペルシア―史上初の世界帝国 阿部拓児
- 1594 物語 中東の歴史 牟田口義郎
- 2496 物語 アラビアの歴史 蔀勇造
- 1931 物語 イスラエルの歴史 高橋正男
- 2067 物語 エルサレムの歴史 笈川博一
- 2753 エルサレムの歴史と文化 浅野和生
- 2205 聖書考古学 長谷川修一
- 2647 高地文明 山本紀夫
- 2253 禁欲のヨーロッパ 佐藤彰一
- 2409 贖罪のヨーロッパ 佐藤彰一
- 2467 剣と清貧のヨーロッパ 佐藤彰一
- 2516 宣教のヨーロッパ 佐藤彰一
- 2567 歴史探究のヨーロッパ 佐藤彰一

中公新書

世界史